团 体 标 准

公路桥梁现浇施工钢支架技术指南

Technical Guideline for Highway Engineering Cast in Situ Construction of Steel Bracket

T/CHTS 10022—2020

主编单位：安徽省交通建设工程质量监督局
发布单位：中国公路学会
实施日期：2020 年 7 月 31 日

人民交通出版社股份有限公司
北 京

图书在版编目(CIP)数据

公路桥梁现浇施工钢支架技术指南：T/CHTS 10022—2020 / 安徽省交通建设工程质量监督局主编. — 北京：人民交通出版社股份有限公司，2020.8
ISBN 978-7-114-16569-6

Ⅰ.①公⋯ Ⅱ.①安⋯ Ⅲ.①公路桥—桥梁施工—指南 Ⅳ.①U448.145.1-62

中国版本图书馆 CIP 数据核字(2020)第 083877 号

标准类型：团体标准

Gonglu Qiaoliang Xianjiao Shigong Gangzhijia Jishu Zhinan

标准名称：	公路桥梁现浇施工钢支架技术指南
标准编号：	T/CHTS 10022—2020
主编单位：	安徽省交通建设工程质量监督局
责任编辑：	郭红蕊　韩亚楠
责任校对：	孙国靖　宋佳时
责任印制：	刘高彤
出版发行：	人民交通出版社股份有限公司
地　　址：	(100011)北京市朝阳区安定门外外馆斜街 3 号
网　　址：	http://www.ccpcl.com.cn
销售电话：	(010)59757973
总 经 销：	人民交通出版社股份有限公司发行部
经　　销：	各地新华书店
印　　刷：	北京市密东印刷有限公司
开　　本：	880×1230　1/16
印　　张：	4.5
字　　数：	139 千
版　　次：	2020 年 8 月　第 1 版
印　　次：	2020 年 8 月　第 1 次印刷
书　　号：	ISBN 978-7-114-16569-6
定　　价：	280.00 元

(有印刷、装订质量问题的图书由本公司负责调换)

中国公路学会文件

公学字〔2020〕33号

中国公路学会关于发布《公路桥梁现浇施工钢支架技术指南》的公告

现发布中国公路学会标准《公路桥梁现浇施工钢支架技术指南》(T/CHTS 10022—2020),自2020年7月31日起实施。

《公路桥梁现浇施工钢支架技术指南》(T/CHTS 10022—2020)的版权和解释权归中国公路学会所有,日常解释和管理工作由主编单位安徽省交通建设工程质量监督局负责。

中国公路学会

2020年7月13日

前 言

本指南是在广泛调查研究并全面总结目前公路桥梁施工钢支架实践经验的基础上编制。

本指南按照《中国公路学会标准编写规则》(T/CHTS 10001)编写,共分为8章,主要内容包括:总则、术语与符号、材料、作用、设计计算、构造要求、搭设与拆除、质量控制与验收。

本指南实施过程中,请将发现的问题和意见、建议反馈至安徽省交通建设工程质量监督局(地址:安徽省合肥市马鞍山南路856号;邮编:230051;联系电话:0551-64682576;电子邮箱:zjz@ahjt.gov.cn),供修订时参考。

本指南由安徽省交通建设工程质量监督局提出,受中国公路学会委托,由安徽省交通建设工程质量监督局负责具体解释工作。

主编单位:安徽省交通建设工程质量监督局

参编单位:安徽省高等级公路工程监理有限公司、安徽省公路桥梁工程有限公司、安徽省交通建设股份有限公司、安徽省交通规划设计研究总院股份有限公司、交通运输部公路科学研究院

主要起草人:卞国炎、倪良松、陈传明、金松、彭申凯、胡先宽、吴志刚、严摇铃、张云峰、沈维成、荣海生、张树清、朱宇、储根法、李鹏飞、吴寒亮

主要审查人:李彦武、周海涛、刘元泉、侯金龙、钟建驰、杨耀铨、秦大航、赵君黎、鲍卫刚、袁洪、韩亚楠

目　次

- 1 总则 ····· 1
- 2 术语与符号 ····· 2
  - 2.1 术语 ····· 2
  - 2.2 符号 ····· 2
- 3 材料 ····· 4
  - 3.1 一般规定 ····· 4
  - 3.2 梁式支架 ····· 4
  - 3.3 碗扣式支架 ····· 7
  - 3.4 承插型盘扣式支架 ····· 10
- 4 作用 ····· 14
  - 4.1 一般规定 ····· 14
  - 4.2 作用标准值 ····· 14
  - 4.3 作用效应的分项系数 ····· 16
  - 4.4 作用效应组合 ····· 17
- 5 设计计算 ····· 19
  - 5.1 一般规定 ····· 19
  - 5.2 梁式支架计算 ····· 21
  - 5.3 碗扣式支架计算 ····· 24
  - 5.4 承插型盘扣式支架计算 ····· 29
  - 5.5 基础及地基承载力计算 ····· 31
- 6 构造要求 ····· 32
  - 6.1 一般规定 ····· 32
  - 6.2 梁式支架 ····· 32
  - 6.3 碗扣式支架 ····· 33
  - 6.4 承插型盘扣式支架 ····· 35
  - 6.5 通道口及附属设施 ····· 36
- 7 搭设与拆除 ····· 39
  - 7.1 一般规定 ····· 39
  - 7.2 地基处理及基础施工 ····· 39
  - 7.3 搭设 ····· 40
  - 7.4 预压 ····· 41
  - 7.5 拆除 ····· 41
- 8 质量控制与验收 ····· 43
  - 8.1 一般规定 ····· 43
  - 8.2 地基及基础质量检验 ····· 43
  - 8.3 搭设质量检验 ····· 44
  - 8.4 预压检查 ····· 48

8.5 拆除前检查 ……………………………………………………………………………… 49
附录 A 贝雷梁及配件相关参数 …………………………………………………………… 51
附录 B 碗扣式支架相关参数与质量分类 ………………………………………………… 52
附录 C 承插型盘扣式支架相关参数与质量分类 ………………………………………… 55
附录 D 轴心受压构件的稳定系数 ………………………………………………………… 60
用词说明 ……………………………………………………………………………………… 62

公路桥梁现浇施工钢支架技术指南

1 总则

1.0.1 为规范公路桥梁现浇施工钢支架设计与施工，保证工程质量及施工安全，制定本指南。

1.0.2 本指南适用于公路桥梁现浇施工用梁式支架及满堂支架的设计、施工等。

1.0.3 除应符合本指南的规定外，尚应符合有关法律、法规及国家、行业现行有关标准的规定。

2 术语与符号

2.1 术语

2.1.1 梁式支架 beam type support frame
由贝雷梁、万能杆件、型钢等作主承重梁，立柱承受竖向荷载的支撑结构。

2.1.2 满堂支架 full scaffold
支撑立杆密布于梁体下的支撑结构。主要包括碗扣式、承插型盘扣式等形式。

2.1.3 碗扣式支架 cuplok scaffold
节点采用碗扣方式连接的用于支撑现浇梁模板的支撑结构。

2.1.4 承插型盘扣式支架 disk lockscaffold
立杆采用套管承插连接，水平杆和斜杆采用杆端扣接头卡入连接盘，用楔形插销快速连接，用于支撑现浇梁模板的支撑结构。

2.2 符号

2.2.1 作用和作用效应
M——弯矩；
N——轴力；
V——剪力；
P_w——流水压力；
ω_k——风荷载标准值；
q——均布荷载；
f_g——地基承载力特征值；
σ——应力。

2.2.2 材料、构件设计指标
E——钢材的弹性模量；
f——钢材的抗拉、抗压、抗弯强度设计值；
γ——混凝土重度；
g——重力加速度。

2.2.3 几何参数
A——截面面积；
H——支架高度；
L——梁体跨度；
I——杆件截面惯性矩；
W——截面模量；
i——截面回转半径。

2.2.4 计算系数

γ_0——结构重要性系数；

Φ——挡风系数；

μ_{st}——风荷载体形系数；

μ——钢管立柱长度折算系数；

η——支架立杆计算长度修正系数；

φ——轴心受压构件的稳定系数；

k——立杆计算长度附加系数；

λ——长细比。

3 材料

3.1 一般规定

3.1.1 支架构配件应在工厂内制作,所用原材料材质及制造质量应符合国家和行业现行有关标准的规定。加固用扣件应采用可锻铸铁或碳素铸钢制作,其质量和性能应符合现行《钢管脚手架扣件》(GB 15831)的要求。

3.1.2 首次使用的支架构配件进场时应进行验收并对外观质量进行全面检查,供货方应提供产品质量证明书、主要技术参数及使用说明。

3.1.3 周转使用的支架构配件进场时应提供相关溯源资料,并对其几何尺寸、外观质量、焊缝等按现行产品标准及相关规定进行检查验收,根据检验结果分类,必要时应通过荷载试验确定其实际承载能力。

条文说明:施工过程中支架构配件普遍存在周转使用的情况,支架构配件在每使用一个周期后均有不同程度的变形和损坏,为保证周转使用的构配件各项质量指标满足相关规定,本指南对周转使用的构配件提出检查和检验要求。

3.1.4 支架构配件外观应进行全面检查,其质量应符合下列要求:

1 支架杆件应平直光滑,直线度允许偏差应满足相关现行产品标准规定,两端面应平整,不应有斜口、毛刺。

2 构配件的锈蚀、破损、弯曲变形程度等不应超过规定值。

3 梁式支架立柱钢管采用焊接连接时,在连接位置应设置补强加劲板。

4 满堂支架单件立杆不应使用接长的钢管。

5 构配件表面应涂刷防锈漆或镀锌,表面应光滑、涂层均匀、附着牢固,在连接处不应有毛刺、流挂和多余结块。

6 铸造件表面应干净,不应有砂眼、缩孔、裂纹、浇冒口残余等缺陷。

7 冲压件不应有毛刺、裂纹、氧化皮等缺陷。

8 焊缝质量应符合相关规定,焊缝应饱满,焊渣应清除干净,不应有未焊透、开焊、焊缝错位、夹渣、咬边、裂纹等缺陷。

9 主要构配件的生产厂标识应清晰。

3.1.5 支架构配件每使用一个安装、拆除周期后,应及时检查、分类、维护、保养,对不合格品应及时报废。

3.2 梁式支架

3.2.1 梁式支架常用主要构配件有贝雷梁、万能杆件等厂制标准产品以及型钢、钢管、卸荷装置等。

3.2.2 贝雷梁应符合现行《装配式公路钢桥制造》(JT/T 728)的规定,贝雷梁及配件相关参数见附录A。贝雷片构造示意如图3.2.2所示。

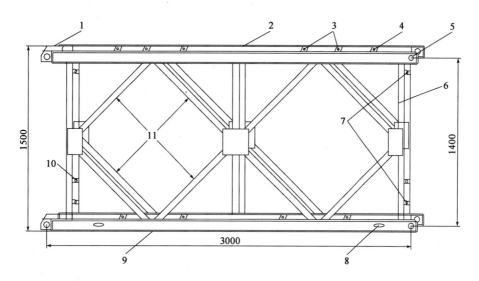

图 3.2.2 贝雷片构造示意图(尺寸单位:mm)

1-阳头;2-上弦杆;3-支撑架孔;4-弦杆螺栓孔;5-阴头;6-竖杆;7-支撑架孔;8-风钩孔;9-下弦杆;10-横梁夹具孔;11-斜撑

条文说明:贝雷梁是一种可分解、能快速架设和拆除的制式梁式结构,广泛用于梁式支架施工中。贝雷片是贝雷梁基本组成单元构件,其国标单元节段长度为3m,高度为1.5m,单节重量270kg,采用高强钢全焊制成,采用销接拼装,重量比较轻,运输拆装方便。《装配式公路钢桥制造》(JT/T 728)主要对贝雷梁组成部件及不可再分的最小单元构件分别在制造原材料、制造要求等方面作了具体规定。特殊场合使用非标准构件时应单独设计。

3.2.3 万能杆件应采用专业厂家的产品。

3.2.4 组合型钢承重梁原材料材质性能应符合现行《热轧型钢》(GB/T 706)及《低合金高强度结构钢》(GB/T 1591)中Q355级钢的规定。组合型钢承重梁制作质量检验标准应符合表3.2.4的规定。

表 3.2.4 组合型钢承重梁制作质量检验标准

序号	检查项目	允许偏差	检验方法	检查频率
1	规格、型号	符合设计要求	尺量	全部
2	加劲肋设置间距	<5mm	尺量	全部
3	加劲肋磨光顶紧	符合设计要求	目测	全部
4	焊缝表面质量	不应有气孔、夹渣、弧坑、裂纹、电弧擦伤等缺陷	尺量和焊缝量规检查,磁粉探伤	全部
5	焊脚高度	符合设计要求	尺量	全部
6	焊缝咬边	咬边深度≤0.05t(板厚),且不大于0.5mm,连续长度≤100mm	尺量和焊缝量规检查	全部
7	焊缝探伤	符合设计要求	探伤	全部

条文说明:常用的型钢有工字钢、H型钢等。

3.2.5 钢管立柱应符合下列要求:

1 钢管制作所用原材料、焊接材料应符合设计要求和相关规范的规定,原材料材质性能应符合现行《碳素结构钢》(GB/T 700)中Q235级钢或《低合金高强度结构钢》(GB/T 1591)中Q355级钢的规定。

2 所有对接焊缝的强度不应低于母材强度,纵向焊缝宜采用一条,最多不超过两条。相邻对接钢管的纵向焊缝应错开,避免形成十字缝。

3 钢管管节制作质量要求应符合表3.2.5的规定。

表3.2.5 钢管管节制作质量要求

序号	检查项目		允许偏差(mm)		检验方法	检查频率
1	周长		±0.5%周长且不大于10		尺量	全部
2	管端椭圆度		0.5%D且不大于10		尺量	全部
3	管端平整度		2		尺量	全部
4	管端平面倾斜		<0.5%D且不大于4		尺量	全部
5	纵向弯曲矢高		桩长的0.1%且不大于30		尺量	全部
6	主要受力焊缝		咬边深度≤0.5,无表面裂纹,不存在未焊透、夹渣现象		尺量和目测	全部
7	焊缝探伤		满足设计要求		超声波检测	20%
8	壁厚(mm)	≤16	D≤600	≥-0.5	尺量	全部
			600<D<800	≥-0.7		
			D≥800	≥-1.0		
		>16	D<800	≥-0.8		
			D≥800	≥-1.0		

注:D-钢管外径。

4 连接系设置的具体位置根据计算钢管立柱的自由长度确定。连接系可使用小直径、薄壁钢管,也可使用型钢材料,经设计验算确定。

条文说明: 钢管柱常用作梁式支架打入桩基础或支架立柱,其承载能力强,施工简便,材料消耗少。钢管柱作为支架立柱时可直接支撑在承台或条形基础上,其底部与承台或基础预埋件焊接或栓接固定,立柱间设置横向连接系,顶部设置横桥向承重梁,上设型钢或钢桁架纵梁作为模板承重梁。

连接系的主要作用是限制压杆的自由长度,使立柱之间固结连接成整体,保证结构的稳定性。

3.2.6 卸荷装置可采用千斤顶、砂筒等。千斤顶应根据设计要求选用;砂筒应符合下列要求:

1 砂筒应按照设计图纸进行加工制作,如图3.2.6所示,焊缝等级Ⅱ级,角焊缝焊高除特殊要求外不小于8mm。

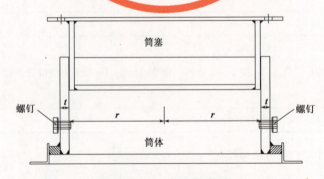

图3.2.6 砂筒示意图

t-筒壁厚度;r-砂筒内半径

2 卸荷砂筒内所使用的砂子应经过烘干后使用,含水率不宜大于1%。

3 卸荷砂筒使用前应经过加载试验,试验荷载取砂筒最大验算轴向力的1.5倍。

条文说明:卸荷装置主要作用是调节柱顶高程和便于现浇梁施工结束后架体的卸落。卸荷装置有多种,除千斤顶、砂筒外其他满足使用条件的产品均可使用。

3.3 碗扣式支架

3.3.1 立杆的碗扣节点由上碗扣、下碗扣、立杆、水平杆接头和上碗扣限位销等构成,如图3.3.1所示。立杆碗扣节点间距,采用Q235级材质钢管立杆宜按0.6m模数设置;采用Q355级材质钢管立杆宜按0.5m模数设置。水平杆长度宜按0.3m模数设置。

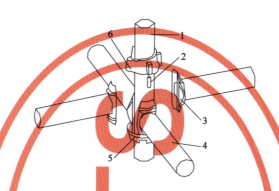

图 3.3.1　碗扣节点示意图
1-立杆;2-限位销;3-水平杆接头;4-水平杆;5-下碗扣;6-上碗扣

条文说明:碗扣式支架主要构配件是工厂化生产的标准系列构件,立杆碗扣节点按0.6m间距设置,即步距以0.6m模数构成,使支架具有标准化、通用性的特点。0.5m立杆节点间距模数的规定是为了鼓励使用高强度钢材,并充分发挥材料强度。

3.3.2 碗扣式支架相关参数见附录B。

3.3.3 碗扣式支架各主要构配件除有特殊要求外,其材料要求应符合表3.3.3的规定。

表 3.3.3　碗扣式支架主要构配件材料要求

构配件		原材料/部件要求		材质要求	
		原材料/部件	执行标准	材质	执行标准
立杆	碗扣节点间距模数为0.6m	钢管	《直缝电焊钢管》(GB/T 13793)或《低压流体输送用焊接钢管》(GB/T 3091)	Q235	《碳素结构钢》(GB/T 700)
	碗扣节点间距模数为0.5m			Q355	《低合金高强度结构钢》(GB/T 1591)
水平杆		钢管	《直缝电焊钢管》(GB/T 13793)或《低压流体输送用焊接钢管》(GB/T 3091)	Q235	《碳素结构钢》(GB/T 700)
斜杆					
上碗扣		可锻铸铁	—	KTH350-10	《可锻铸铁件》(GB/T 9440)
		碳素铸钢	—	ZG270-500	《一般工程用铸造碳钢件》(GB/T 11352)

表 3.3.3（续）

构 配 件	原材料/部件要求		材 质 要 求	
	原材料/部件	执行标准	材质	执行标准
上碗扣（锻造成型）	—	—	不低于 Q235	《碳素结构钢》（GB/T 700）
下碗扣	碳素铸钢	—	ZG270-500	《一般工程用铸造碳钢件》（GB/T 11352）
下碗扣（钢板冲压整体成型）	钢板（板厚≥6mm）	—	Q235	《碳素结构钢》（GB/T 700）
水平杆接头、斜杆接头	碳素铸钢	—	ZG270-500	《一般工程用铸造碳钢件》（GB/T 11352）
水平杆接头（锻造成型）	—	—	不低于 Q235	《碳素结构钢》（GB/T 700）
可调顶托、可调底座	钢板	—	Q235	《碳素结构钢》（GB/T 700）
	实心螺杆	—	Q235	《碳素结构钢》（GB/T 700）
	空心螺杆	—	20号无缝钢管	《结构用无缝钢管》（GB/T 8162）
可调螺母	可锻铸铁	—	KTH330-08	《可锻铸铁件》（GB/T 9440）
	碳素铸钢	—	ZG230-450	《一般工程用铸造碳钢件》（GB/T 11352）
连接部件	扣件	《钢管脚手架扣件》（GB 15831）	—	—

条文说明：上碗扣和水平杆接头不应采用钢板冲压成型。下碗扣采用钢板冲压整体成型时，板材厚度不应小于6mm，不得利用废旧锈蚀钢板改制。

3.3.4 碗扣式支架各主要构配件制作质量要求应符合表3.3.4的规定。

表 3.3.4 碗扣式支架主要构配件制作质量要求

构 配 件	检 查 项 目	允 许 偏 差
钢管	外径	±0.5mm
	壁厚	不应有负偏差
	弯曲度	≤2mm/m
立杆、水平杆	立杆端面与立杆轴线垂直度	≤0.5mm
	水平杆曲板接头弧面轴心线与水平轴心线垂直度	≤1.0mm

表 3.3.4（续）

构 配 件	检 查 项 目	允 许 偏 差
碗扣	立杆碗扣节点间距	±1.0mm
	下碗扣碗扣平面与立杆轴线垂直度	≤1.0mm
立杆接长用插套	壁厚（外插套管）	≥3.5mm
	壁厚（内插套管）	≥3.0mm
	插套长度	≥160mm
	焊接端插入长度	≥60mm
	外伸长度	≥110mm
	插套与立杆钢管间隙	≤2mm
可调顶托、可调底座	顶托托板厚度	≥5mm
	顶托托板弯曲变形	≤1mm
	底座垫板厚度	≥6mm
	螺杆与托板或垫板焊脚尺寸	≥钢板厚度
	调节螺母厚度	≥30mm
	螺杆外径	≥38mm
	空心螺杆壁厚	≥5mm
	螺杆直径与螺距	应符合《梯形螺纹 第2部分：直径与螺距系列》（GB/T 5796.2）和《梯形螺纹 第3部分：基本尺寸》（GB/T 5796.3）的规定
	螺杆与调节螺母旋合长度	≥5扣

条文说明：本指南对立杆接长处的构造尺寸提出的要求，以保证立杆具有可靠的承载力，对于采用 Q355 级钢的立杆，建议采用内套管上部接长管方式，这种构造立杆底部无套管，扫地杆离地高度小。

可调顶托及可调底座螺杆与托板或垫板应焊接牢固，焊脚尺寸符合表中规定，并宜设置加劲板。

3.3.5 碗扣支架构配件除满足表 3.3.4 中规定外，还应具有良好的互换性，应能满足各种施工工况下的组装要求，并应符合下列规定：

1 立杆的上碗扣应能上下串动、转动灵活，不应有卡滞现象。

2 立杆与立杆的连接孔处应能插入 φ10mm 连接销。

3 碗扣节点在安装 1 个～4 个水平杆时，上碗扣应均能锁紧。

3.3.6 碗扣式支架构配件除应符合本指南规定外，还应符合《碗扣式钢管脚手架构件》（GB 24911）的规定。

条文说明：碗扣式支架构配件均为厂制标准系列构件，本指南只对碗扣式支架主要构配件的关键要求作了相关规定。

3.3.7 周转使用的碗扣式支架构配件应按附录 B 进行质量类别判定，分 A、B、C 三类。A 类经清除黏附砂浆泥土等污物,除锈、重新油漆等保养工作后可以使用。B类应经矫正、平整、更换部件、修复、补焊、除锈、油漆等修理保养,并抽样进行荷载试验确定能否使用,可使用的,应根据试验结论进行力学性能折减;不能使用的,应报废处理。C类做报废处理。

条文说明:荷载试验应按现行《碗扣式钢管脚手架构件》(GB 24911)中的有关规定进行。

3.4 承插型盘扣式支架

3.4.1 盘扣节点构成由焊接于立杆上的连接盘、水平杆杆端扣接头和斜杆杆端扣接头组成,如图 3.4.1所示,并应符合下列要求:

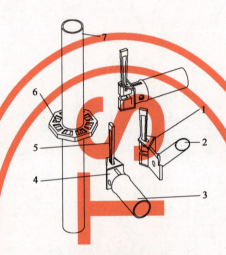

图 3.4.1 盘扣节点示意图

1-斜杆杆端扣接头;2-斜杆;3-水平杆;4-水平杆杆端扣接头;5-扣接头插销;6-连接盘;7-立杆

条文说明:本条显示了承插型盘扣式钢管支架的节点,说明了水平杆、斜杆与立杆连接的具体构造形式。承插型盘扣式钢管支架焊接于立杆上的连接盘可以为正八边形孔板或圆形孔板的形式。

1 立杆盘扣节点间距宜按0.5m模数设置。水平杆长度宜按0.3m模数设置。

2 插销外表面应与水平杆和斜杆杆端扣接内表面吻合,插销连接应保证锤击自锁后不拔脱,抗拔力不应小于3kN。

3 插销应具有可靠防拔脱构造措施,且应设置便于目视检查楔入深度的刻痕或颜色标记。

条文说明:承插型盘扣式钢管支架的主要构配件是工厂化生产的标准系列构件,立杆盘扣节点按照国际上习惯做法,竖向每隔0.5m间距设置,则水平杆步距以0.5m为模数构成,使承插型盘扣式钢管支架具有标准化、通用性的特点,便于控制施工质量。

为了防止水平杆和斜杆的杆端扣接头的插销与连接盘在支架使用过程中滑脱,插销必须设计为具有自锁功能的楔形,同时插销端头设计有弧形弯钩段确保插销不会滑脱。搭设支架时要求用不小于0.5kg锤子击紧插销,插销尾部应保证有不小于15mm的外露量。为了验证击紧后的插销抗拔性能,东南大学进行了扣接头插销的抗拔试验。试验结果表明,在插销未用锤子击紧的条件下,插销的抗拔力达到0.5kN~1kN,在一般锤子击紧2下~3下的条件下,插销的抗拔力达到2.5kN~5kN,能够满足施工现场扣接头在使用过程中的防滑脱拔出要求。支架搭设完成后,应目测检查扣接头插销的插入至规定刻度线的状况和击紧程度。

3.4.2 承插型盘扣式支架相关参数见附录C。

3.4.3 承插型盘扣式支架各主要构配件除有特殊要求外,其材料要求应符合表3.4.3的规定。

表 3.4.3 承插型盘扣式支架主要构配件材料要求

构配件		原材料/部件要求		材质要求	
		原材料/部件	执行标准	材质	执行标准
立杆		钢管	《直缝电焊钢管》(GB/T 13793)或《低压流体输送用焊接钢管》(GB/T 3091)	Q355	《低合金高强度结构钢》(GB/T 1591)
水平杆 水平斜杆 竖向斜杆		钢管	《直缝电焊钢管》(GB/T 13793)或《低压流体输送用焊接钢管》(GB/T 3091)	Q235 Q195	《碳素结构钢》(GB/T 700)
连接盘	碳素铸钢	碳素铸钢	—	ZG230-450	《一般工程用铸造碳钢件》(GB/T 11352)
	圆钢热锻	圆钢	—	Q235	《碳素结构钢》(GB/T 700)
	钢板冲压	钢板	—		
插销	碳素铸钢	碳素铸钢	—	ZG230-450	《一般工程用铸造碳钢件》(GB/T 11352)
	圆钢热锻	圆钢	—	45牌号	《优质碳素结构钢》(GB/T 699)
	钢板冲压	钢板	—	Q235	《碳素结构钢》(GB/T 700)
连接外套管	碳素铸钢制造	碳素铸钢	—	ZG230-450	《一般工程用铸造碳钢件》(GB/T 11352)
	钢管挤压	钢管	—	Q235	《碳素结构钢》(GB/T 700)
	无缝钢管	无缝钢管	—	Q355	《低合金高强度结构钢》(GB/T 1591)
连接内插管		无缝钢管或焊管	—	Q355	《低合金高强度结构钢》(GB/T 1591)
扣接头		碳素铸钢	—	ZG230-450	《一般工程用铸造碳钢件》(GB/T 11352)
可调顶托、可调底座		钢板	—	Q235	《碳素结构钢》(GB/T 700)
		实心螺杆	—	Q235	《碳素结构钢》(GB/T 700)
		空心螺杆	—	20牌号	《优质碳素结构钢》(GB/T 699)
可调螺母		碳素铸钢	—	ZG270-500	《一般工程用铸造碳钢件》(GB/T 11352)

注:表中除原材料为碳素铸钢外的材质要求均是指不应低于所列等级。

3.4.4 承插型盘扣式支架各主要构配件制作质量要求应符合表 3.4.4 的规定。

表 3.4.4 承插型盘扣式支架主要构配件制作质量要求

构配件		检查项目	允许偏差
杆件钢管	外径 D=33.7 mm、38 mm、42.4 mm、48.3 mm	外径	+0.2 mm −0.1 mm
	外径 D=60.3 mm		+0.3 mm −0.1 mm
	外径 D=33.7 mm、38 mm、42.4 mm、48.3 mm、60.3 mm	壁厚	±0.1 mm
立杆		长度	±0.7 mm
		杆件直线度	≤L/1000
		杆端面对轴线垂直度	≤0.3 mm
水平杆		长度	±0.5 mm
		扣接头平行度	≤1.0 mm
水平斜杆		长度	±0.5 mm
		扣接头平行度	≤1.0 mm
竖向斜杆		两端螺栓孔间距	±1.5 mm
连接盘		连接盘间距	±0.5 mm
		连接盘与立杆同轴度	≤0.3 mm
		厚度(铸钢或圆钢热锻制造时)	≥8mm,±0.5 mm
		厚度(钢板冲压制造时)	≥10mm,±0.5 mm
立杆连接套管	铸钢套管	连接套长度	≥90mm
		可插入长度	≥75mm
	无缝钢管套管	连接套长度	≥160mm
		可插入长度	≥110mm
	套管	内径与立杆外径间隙	≤2 mm
	销孔	孔径	≤14 mm,±0.1 mm
	立杆连接件	直径	12mm,±0.1 mm
可调顶托、可调底座		托板、底板厚度	≥5mm,±0.2 mm
		加劲片厚度	≥4mm,±0.2 mm
		承力面长度和宽度	≥150mm
		φ38 丝杆外径	≥36mm,±2 mm
		φ48 丝杆外径	≥46mm,±2 mm
		螺母厚度	≥30mm
		丝杆与螺母旋合长度	≥5 扣
杆件焊缝		焊脚尺寸	≥3.5mm

注：可调顶托也称为可调托座。

条文说明：目前国内立杆的接长连接方式有内插连接棒和外套连接套管两种。考虑到工地现场操作方便和减少内插连接棒的损耗,逐渐趋向于立杆杆端设置外接套管的连接方式。采用铸钢套管的优点为同轴度高,套管管壁厚度可适当加厚,增加拆除支架时杆端管口的抗变形能力。

立杆与立杆连接套管应设置固定立杆连接件的防拔出销孔。连接盘与立杆焊接固定时以单侧边连接盘外边缘处为测点,测量盘面与立杆纵轴线正交的垂直度。可调底座和可调顶托的丝杆宜采用梯形牙。承力面钢板与丝杆应采用环焊,并应设置加劲片或加劲拱度。

3.4.5 周转使用的承插型盘扣式支架构配件应按附录B进行质量类别判定,分A、B、C三类。A类经清除黏附砂浆泥土等污物,除锈、重新油漆等保养工作后可以使用。B类应经矫正、平整、更换部件、修复、补焊、除锈、油漆等修理保养,并抽样进行荷载试验确定能否使用。可使用的,应根据试验结论进行力学性能折减;不能使用的,应报废处理。C类做报废处理。

条文说明:荷载试验应按现行《承插型盘扣式钢管支架构件》(JG/T 503)中的有关规定进行。

4 作用

4.1 一般规定

4.1.1 钢支架设计采用的作用分为永久作用、可变作用。

条文说明：本指南将支架的作用划分为永久作用、可变作用两大类。永久作用：在设计基准期内量值不随时间变化，或其变化值与平均值比较可忽略不计，例如支架自重、混凝土重和土侧压力等；可变作用：在设计基准期内量值随时间而变化，且变化值与平均值比较不可忽略，例如车辆荷载、施工人员和施工材料荷载、机具行走运输或堆放荷载、风荷载等。设于水中、跨越道路等有撞击风险的支架本身不考虑承受撞击力，应按规定设置临时防撞结构，也不考虑地震作用影响，但应根据实际情况考虑可能存在的其他外部作用。

4.2 作用标准值

4.2.1 钢支架模板、支架自重荷载标准值的取值，应按设计图纸通过计算确定，并参考现行《钢结构设计规范》(GB 50017)、《公路桥涵施工技术规范》(JTG/T F50)和《公路桥涵地基与基础设计规范》(JTG D63)等采用。

4.2.2 计算支架的架体时，可变荷载标准值应采取以下标准：

1 施工人员和施工材料、机具行走运输或堆放荷载标准值。

1) 计算模板及直接支撑模板的小楞时，均布荷载可取 2.5kPa，并以集中荷载 2.5kN 进行验算。

2) 计算直接支承小楞的梁或拱架时，均布荷载可取 1.5kPa。

3) 计算支架立柱及支承拱架的其他结构构件时，均布荷载可取 1.0kPa。

4) 有实际资料时按实际取值。

2 振捣混凝土时产生的荷载(作用范围在有效压头高度之内)，对水平面模板为 2.0kPa，对垂直面模板为 4.0kPa。

3 新浇混凝土作用于模板侧面的最大侧压力，如图 4.2.2 所示，当采用内部振捣器且混凝土的浇筑速度在 6m/h 以下时，可按公式(4.2.2-1)和公式(4.2.2-2)中计算的较小值取用：

$$P_{max} = 0.22\gamma t_0 K_1 K_2 v^{\frac{1}{2}} \tag{4.2.2-1}$$

$$P_{max} = \gamma H \tag{4.2.2-2}$$

式中：P_{max}——新浇混凝土对模板的最大侧压力(kPa)；

v——混凝土浇筑速度(m/h)；

t_0——新浇混凝土的初凝时间(h)，可按实测确定；

γ——混凝土的重度(kN/m³)；

K_1——外加剂影响修正系数，不掺加外加剂时取 1.0，掺缓凝作用的外加剂时取 1.2；

K_2——混凝土坍落度影响修正系数，当坍落度小于 30mm 时取 0.85；50mm～90mm 时 1.0；110mm～150mm 时取 1.15；

H——混凝土浇筑层(在水泥初凝时间内)的厚度(m)。

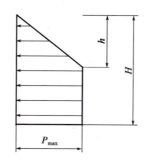

图 4.2.2 侧压力分布示意图

4 倾倒混凝土时对垂直面模板产生的水平荷载按表 4.2.2 取用。

表 4.2.2 倾倒混凝土产生的水平荷载取值

向模板中供料方法	水平荷载(kPa)
用溜槽、串筒或导管输出	2.0
用容量 0.2m³ 的运输器具倾倒	2.0
用容量 0.2m³～0.8m³ 的运输器具倾倒	4.0
用容量大于 0.8m³ 的运输器具倾倒	6.0

注:作用范围在有效压头高度 h 以内 $h=P_{max}/\gamma$(m)。

条文说明:因为混凝土对模板的侧向压力和混凝土浇筑高度相关,所以浇筑的速度按高度/小时计。

4.2.3 作用于支架柱、桩上的流水压力标准值按公式(4.2.3)计算,流水压力合力的着力点可假定在设计水位线以下 0.3 倍水深处,设计水位可采用 20 年一遇重现期。

$$P_w = K_w A_w \frac{\gamma_w v_w^2}{2g} \qquad (4.2.3)$$

式中:P_w——流水压力标准值(kN);

K_w——柱、桩形状系数,按现行《公路桥涵设计通用规范》(JTG D60)规定采用;

A_w——支架柱、桩阻水面积(m²);

γ_w——水的重度(kN/m³);

v_w——水流速度(m/s);

g——重力加速度(m/s²)。

条文说明:位于流水中的钢支架、桩基上游迎水面受到流水冲击作用,流水受到阻碍,对支架施加压力。等速流动的河流可视为流速为 v_w 的平面流场,流线为互相平行的水平线。流线在接近圆柱体时流动受阻,流速减小,压强增大。

4.2.4 作用于支架上的水平风荷载标准值按照现行《建筑结构荷载规范》(GB 50009)中关于垂直于建筑物表面上的风荷载标准值的相关规定计算,基本风压可采用 50 年重现期的标准。

条文说明:基本风压按照重现期 50 年确定,钢管支架使用期一般为 1 年～3 年,遇到强风的概率小,重现期确定为 50 年是偏于安全的。

4.2.5 支架的风荷载体型系数按表 4.2.5 的规定取值。

表 4.2.5 支架的风荷载体型系数 μ_s

背靠构造物的状况		全封闭	敞开、框架和开洞
支架状况	全封闭、半封闭	1.0Φ	1.3Φ
	敞开	μ_{stw} 或 μ_{st}	

注：1. μ_{st} 为单榀桁架风荷载体型系数，μ_{stw} 为多榀平行桁架整体风荷载体型系数，按《建筑结构荷载规范》(GB 50009)中规定计算。
2. Φ 为挡风系数，$\Phi=1.2A_n/A_w$，其中 A_n 为挡风面积；A_w 为迎风面积。挡风面积 $A_n=(l_a+h+0.325 \cdot l_a \cdot h) \cdot d$，迎风面积 $A_w=l_a \cdot h$，其中 l_a 为立杆纵距，h 为立杆步距，d 为钢管直径。
3. 全封闭支架挡风系数 Φ 不宜小于 0.8。

条文说明：双排脚手架只有全封闭一种状态，而无敞开、半封闭状态；模板支撑架是敞开式的，架上作业层栏杆是封闭的；在支架上设置了养护棚等封闭围挡结构的属全封闭状态。

4.3 作用效应的分项系数

4.3.1 作用于钢支架永久作用主要包括：

1 模板、支架自重（荷载代号①）。

2 梁体自重（荷载代号②）。

4.3.2 作用于钢支架可变作用主要包括：

1 施工人员及施工设备荷载（荷载代号③）。

2 振捣混凝土时产生的荷载（荷载代号④）。

3 倾倒混凝土时产生的荷载（荷载代号⑤）。

4 新浇筑混凝土对侧模的侧压力（荷载代号⑥）。

5 风荷载（荷载代号⑦）。

6 流水压力（荷载代号⑧）。

7 其他荷载（荷载代号⑨）。

4.3.3 计算支架时的作用设计值，应采用作用标准值乘以相应的作用分项系数求得，作用分项系数应按表 4.3.3 取值。

表 4.3.3 作 用 分 项 系 数

项次	作用类别		承载能力极限状态		正常使用极限状态
			梁式支架/承插盘扣支架	碗扣支架	
1	永久作用	模板、支架自重	1.2	1.2/1.35	1.0
2		现浇混凝土梁体或新砌体自重	1.2	1.2/1.35	1.0
3	可变作用	施工人员及施工设备荷载	1.4	1.4	1.0
4		振捣混凝土时产生的荷载	1.4	1.4	1.0
5		倾倒混凝土时产生的荷载	1.4	1.4	1.0
6		新浇筑混凝土对侧模的侧压力	1.2	1.2	1.0

表 4.3.3（续）

项次	作用类别		承载能力极限状态		正常使用极限状态
			梁式支架/承插盘扣支架	碗扣支架	
7	可变作用	风荷载	1.4	1.4	1.0
8		流水压力	1.4	1.4	1.0
9		冬季施工的保温荷载或雪荷载	1.4	1.4	1.0

注：碗扣支架荷载效应组合时由可变荷载控制的组合取 1.2，由永久荷载控制的组合取 1.35。

条文说明：作用设计值的取值和作用分项系数的取值，均是依据现行《公路桥涵施工技术规范》（JTG/T F50）等规范、标准规定给出的。计算架体或构件的强度、稳定性和连接强度时，应按承载能力极限状态采用作用效应的基本组合的设计值，即永久作用和可变作用的标准值乘以各自的分项系数；支架中的受弯构件，应根据正常使用极限状态的要求验算变形，验算构件变形时，应采用作用效应的标准组合的设计值，各类作用分项系数均应取 1.0。施工中结构不参与受力，荷载完全由支架承受，荷载均按不利荷载取值。

4.4 作用效应组合

4.4.1 支架结构应按以下工况对其强度、刚度和稳定性进行计算：

1 模板安装后。

2 混凝土浇筑过程中。

3 混凝土浇筑后。

4 梁体预应力张拉后。

4.4.2 计算支架构件的强度、稳定性与连接件强度时，应采用作用效应基本组合设计值。验算支架中的受弯构件变形时，应采用作用效应标准组合标准值。各项工况计算按表 4.4.2 进行荷载组合。

表 4.4.2 支架荷载组合表

支架类型	工况	荷载效应基本组合		荷载效应标准组合
		强度计算	稳定性计算	刚度计算
满堂式	1	1.2(1.35)×①+1.4×(③+⑨)	0.9×①+0.9×(③+⑦)	①
	2	1.2(1.35)×(①+②)+1.4×(③+④+⑤+⑨)	1.2(1.35)×(①+②)+0.9×1.4×(③+④+⑤+⑦+⑨)	①+②+⑨
	3	1.2(1.35)×(①+②)+1.4×(③+⑨)	1.2(1.35)×(①+②)+0.9×1.4×(③+⑦+⑨)	
	4			
梁式	1	1.2×①+1.4×(③+⑦+⑧+⑨)	0.9×①+0.9×(③+⑦)	①
	2	1.2×(①+②)+1.4×(③+④+⑤+⑦+⑨)	1.2×(①+②)+0.9×1.4×(③+④+⑤+⑦+⑧+⑨)	①+②+⑨

表 4.4.2(续)

支架类型	工况	荷载效应基本组合		荷载效应标准组合
		强度计算	稳定性计算	刚度计算
梁式	3	1.2×(①+②)+1.4×(③+⑦+⑧+⑨)	1.2×(①+②)+0.9×1.4×(③+⑦+⑧+⑨)	①+②+⑨
	4			

注：1. 表中 1.2、1.35、1.4 为荷载分项系数，与表 4.3.3 中一致；0.9 为折减系数，风荷载设计值参与的活荷载设计值组合，其组合效应值应乘 0.9 的折减系数。
  2. 表中"+"仅表示各项荷载参与组合，而不表示代数相加。
  3. 表中仅列出支架计算几种代表工况，计算时可不限于此种工况。

条文说明：本指南给出的荷载组合表达式参照现行《公路桥涵施工技术规范》(JTG/T F50)等给出，以荷载与荷载效应存在线性关系为前提，对于明显不符合该条件的涉及非线性问题，应根据实际情况另行确定。

5 设计计算

5.1 一般规定

5.1.1 钢支架结构形式选择应根据水文、地质、地形、桥梁结构特点及跨径、桥下净空、地基承载力、道路交通条件、通车通航要求、工期要求、机械设备配置等因素合理选用。

5.1.2 梁式支架搭设高度宜为20m～30m，碗扣式支架搭设高度不宜大于18m，承插型盘扣式支架搭设高度不宜大于24m。

5.1.3 钢支架结构计算宜按照模板、支架、基础及地基的顺序进行计算，钢支架施工流程如图5.1.3-1所示，钢支架设计流程如图5.1.3-2所示。

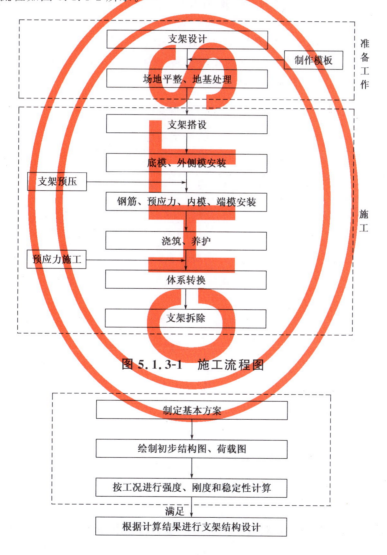

图5.1.3-1 施工流程图

图5.1.3-2 设计流程图

5.1.4 钢支架应采用极限状态设计法，用分项系数表达式进行设计。支架结构极限状态可分为两类：承载能力极限状态和正常使用极限状态。

1 承载能力极限状态为对应支架结构及其构件达到最大承载能力或出现不适于继续承载的变形

或变位的状态,应计算立杆、横梁、纵梁、节点连接强度,支架结构整体及局部稳定性,支架基础及地基承载力。

2 正常使用极限状态为对应于支架结构及其构件达到正常使用的某项限值的状态,应计算横、纵梁弯曲变形、立杆压缩变形和地基变形。

条文说明:工程结构设计的发展趋势是采用以概率理论为基础,以分项系数表达的极限状态设计方法,本指南采用此设计方法。

承载能力极限状态:支架结构构件或连接件不应因超过材料强度而破坏;支架结构或结构一部分不应作为刚体失去平衡;支架结构不应转换为机动体系;支架结构或构件不应失稳;支架结构不应因局部破坏而倒塌;支架结构地基不应因承载力不足而导致破坏。

正常使用极限状态:支架结构不应出现影响正常使用的变形;支架结构不应出现影响正常使用的局部损坏;支架结构不应出现影响正常使用的其他特定状态。

本条仅列出了一般情况下支架的设计流程、施工流程、计算内容,但不仅仅局限于所列内容,设计时应根据架体结构、工程概况、搭设部位、使用功能要求、荷载、构造等因素具体确定。

支架地基与基础设计时应考虑技术要求、基础构造、承载能力计算等;满堂支架必要时进行抗倾覆验算,必要时是指架体高宽比较大或架体侧向风荷载较大而未采取拉缆风绳等其他抗侧翻措施时的情况。计算时应将架体、侧向风荷载分别计算,并分别计算侧倾力矩和立杆附加轴力,验算抗倾覆力矩。

5.1.5 结构重要性系数的取值应符合表 5.1.5 的规定。

表 5.1.5 结构重要性系数

结构重要性系数(γ_0)	适 用 范 围
1.1	支架搭设高度≥18m 或施工梁体高度≥8m
	地形高差大;特殊地质条件等
	设置门洞有通车通航、防撞要求等
	跨越重要管线,安全风险高
1.0	支架搭设高度<18m 且施工梁体高度<8m
	其他工程

条文说明:结构重要性系数参照《铁路混凝土梁支架法现浇施工技术规程》(TB 10110)取值。

5.1.6 承载能力极限状态,应按荷载效应的基本组合进行荷载组合,并按公式(5.1.6)计算。

$$\gamma_0 S_d \leqslant R_d \quad (5.1.6)$$

式中:γ_0——结构重要性系数;
S_d——荷载组合的效应设计值;
R_d——支架结构或构件的抗力设计值。

条文说明:基本组合是指永久作用的设计值效应与可变作用设计值效应相组合。钢支架按承载能力极限状态设计,应取荷载的基本组合进行荷载组合。

5.1.7 正常使用极限状态,应按荷载效应的标准组合进行荷载组合,并按公式(5.1.7)计算。

$$S_d \leqslant C \quad (5.1.7)$$

式中:S_d——变形等荷载效应设计值;
C——设计对变形等规定的相应限值,其值按本指南第 5.1.8 条确定。

条文说明:标准组合是指永久作用的标准值效应与可变作用标准值效应相组合。钢支架按正常使用极限状态设计,应取荷载的标准组合进行荷载组合。

5.1.8 变形量 C 值的相应限值应满足下列要求：

1 结构表面外露的模板：挠度不大于模板构件跨度的 1/400。

2 结构表面隐蔽的模板：挠度不大于模板构件跨度的 1/250。

3 支架受弯构件，其弹性挠度不大于相应结构计算跨度的 1/400，悬臂构件不大于悬臂长度的 1/200。

5.1.9 钢材的强度设计值与弹性模量按照《钢结构设计规范》(GB 50017)规定取值。

5.1.10 支架应验算在自重和可能发生的偏载以及风荷载等作用下的抗倾覆稳定性，支架的抗倾覆稳定系数不应小于 1.5。

5.1.11 支架结构预拱度应按公式(5.1.11)计算进行设计：

$$\delta_x = \frac{4\delta_1 \cdot x \cdot (L-x)}{L^2} + \delta_{2x} + \delta_{3x} + \delta_{4x} \quad (5.1.11)$$

式中：δ_x——距梁体支点 x 处的预拱度(mm)；

δ_1——梁体设计预拱度(mm)；

x——距梁体支点的距离(mm)；

L——梁体跨度(mm)；

δ_{2x}、δ_{3x}、δ_{4x}——距梁体支点 x 处的支架弹性变形、支架及卸落设备非弹性变形和基础沉降变形值。

条文说明：梁体设计预拱度等于结构自重和 1/2 汽车荷载(不计冲击力)所产生的挠度。桥梁纵桥向预拱度可按抛物线分配计算。

5.2 梁式支架计算

5.2.1 梁式支架的设计应根据工程结构形式、荷载、地基、施工设备等条件进行。

5.2.2 梁式支架计算应包括以下内容：

1 立柱顶纵、横梁的强度和刚度。

2 砂筒筒壁厚度。

3 钢管立柱稳定性。

4 法兰盘螺栓拉力。

5 锚筋面积、锚板厚度。

5.2.3 立柱顶纵、横梁采用贝雷梁时，根据受力特点可简化为简支梁或连续梁进行计算，其承载力设计值和几何特性按附录 A 取值，变形计算应考虑荷载效应产生的弹性变形和因节段连接时销孔间隙产生的非弹性变形。纵、横梁采用型钢组合梁时，应按照《钢结构设计规范》(GB 50017)中关于受弯构件的相关规定计算。

条文说明：

1 由于在实际使用贝雷梁的过程中，不仅是只有简支梁的情况，往往需要考虑多跨连续结构，而连续梁桥在跨中和支点处，都有可能产生最大弯矩，同时产生的剪力亦有可能达到最大值，所以要对桁架进行验算。

2 各种荷载等级和组合形式下的最大跨径，是由容许弯矩和容许剪力来确定的，贝雷梁桥在大多数情况下，最大跨径是由容许弯矩控制的，但个别情况是由剪力来控制的。

3 控制贝雷梁支架设计的因素，除稳定、变形外，就是强度，这个强度指的是弯矩和剪力，而弯矩和剪力又是衡量贝雷梁支架承载能力的主要指标之一,所以对贝雷梁支架的设计,必须满足强度、稳定性和变形方面的要求。

5.2.4 立柱顶纵、横梁采用万能杆件时,根据受力特点可简化为空间桁架结构,计算时节点按铰接处理,杆件以受轴力为主,其承载力设计值应根据杆件截面形式、受拉或受压的状态、连接螺栓的直径和数量进行综合分析,并参照生产厂家的《万能杆件图集》中的"结构中的杆件应力计算表"确定其容许承载力。

条文说明:

1 计算基本假定:

用万能杆件拼组的结构,是空间结构,杆件在节点处通过粗制螺栓和节点板连接在一起,螺栓与螺栓孔之间有1mm间隙,不能自由地转动和移动,受到一定的弹性约束。当结构受载时,组成该结构的各万能杆件,除受到拉伸和压缩外,还会发生弯曲,受力状况较为复杂。在实际设计计算中,通常采用简化计算的方法,把空间结构简化成若干个平面结构,荷载平均分担,并假定各平面结构均为平面铰接结构,受节点荷载作用,这样就可以利用力学中对平面铰接结构杆件内力计算的原理及方法,进行分析计算。按照平面铰接结构这一基本假定计算出的杆件内力,均为轴心力。

2 计算步骤:

1) 按基本假定对拼组结构进行简化,并绘出结构的计算图式。一般采用杆件中心线所构成的理想几何图形,作为平面结构的计算图式。

2) 根据该平面结构所承受的荷载,用力学求算内力的方法,计算各杆的轴力。

3) 再根据杆件轴力(拉、压)的大小、杆件的类别(弦杆、立杆、柱、斜杆等)以及规定的容许应力等,参照生产厂家的《万能杆件图集》附表中的"结构中的杆件应力计算表"确定容许承载力,从中直接选相应的杆件截面。

5.2.5 砂筒筒壁厚度可按公式(5.2.5-1)及公式(5.2.5-2)计算:

直管设计厚度:

$$t_{sd} = t_s + C_1 + C_2 \tag{5.2.5-1}$$

直管计算厚度:

$$t_s \geq \frac{pr}{f} \tag{5.2.5-2}$$

筒壁所受侧压力:

$$p = \frac{N_0}{A} \tan^2\left(45° - \frac{\varphi}{2}\right) \tag{5.2.5-3}$$

$$N_0 = K \cdot N \tag{5.2.5-4}$$

式中:t_{sd}——筒壁设计厚度(mm);

t_s——筒壁计算厚度(mm);

C_1——厚度减薄附加量,包括加工、开槽和螺纹深度及材料厚度负偏差,按现行国家标准《工业金属管道设计规范》(GB 50316)规定采用;

C_2——腐蚀或磨蚀附加量,按现行国家标准《工业金属管道设计规范》(GB 50316)规定采用;

r——砂筒内半径(mm);

f——钢材抗弯、抗压设计值(MPa);

N——砂筒所受最大轴向力(kN);

A——砂筒内筒受压面积(m^2);

φ——砂的内摩擦角,取35°;

K——安全系数,取1.5。

5.2.6 钢管立柱稳定性可简化为一端固接一端铰接模式,按下列公式计算:

$$\frac{N}{\varphi A} + \frac{M}{W} < f \tag{5.2.6-1}$$

$$\lambda = \frac{l_0}{i} \tag{5.2.6-2}$$

计算长度为：

$$l_0 = \mu l \tag{5.2.6-3}$$

$$i = \sqrt{\frac{I}{A}} \tag{5.2.6-4}$$

式中：N——钢管立柱轴心压力(kN)；

A——钢管立柱截面面积(m^2)；

M——钢管立柱所受的弯矩(kN·m)；

W——钢管立柱截面模量(m^3)；

f——钢材抗拉、抗压、抗弯强度设计值(MPa)；

φ——轴心受压构件的稳定系数，根据立杆长细比 λ，按附录 D 取值；

i——钢管立柱截面回转半径(m)；

I——钢管立柱惯性矩(m^4)；

l——钢管立柱长度(m)；

l_0——计算长度(m)；

μ——钢管立柱长度折算系数，取 0.7。

条文说明：现行《公路钢结构桥梁设计规范》(JTG D64)第 3.2 条设计指标，与钢材牌号、钢板厚度等有关。钢材的抗拉、抗压和抗弯强度设计值 f_d，钢材的屈服强度 f_y，其中钢材的抗拉、抗压和抗弯强度设计值可按 $f_d \approx \frac{f_y}{1.25}$ 近似计算。

5.2.7 法兰盘示意图如图 5.2.7 所示，法兰盘螺栓拉力应按公式(5.2.7)计算。

图 5.2.7 法兰盘示意图

$$N_{max}^b = \frac{M y_n'}{\sum (y_i')^2} \leqslant N_t^b \tag{5.2.7}$$

式中：N_{max}^b——螺栓最大拉力；

N_t^b——螺栓允许拉力；

y_i'——第 i 个受拉螺栓中心距受压区形心轴的距离(m)；

y_n'——第 n 个受拉螺栓中心距受压区形心轴的距离(m)；

M——钢管立柱产生弯矩(kN·m)；

$$M = N \cdot \delta$$

其中，N——单根钢管立柱所受的荷载(kN)；

δ——钢管立柱偏心距(m)。

条文说明：法兰连接受力较小时可用普通螺栓，受力较大时可用承压型高强螺栓。

5.2.8 预埋钢板锚筋面积和锚板厚度计算。

1 锚筋面积按现行《混凝土结构设计规范》(GB 50010)计算,当有剪力、法向压力和弯矩共同作用时,锚筋总截面面积按公式(5.2.8-1)和公式(5.2.8-2)计算：

$$A_s \geq \frac{V-0.3N}{a_r a_v f_y} + \frac{M-0.4Nz}{1.3 a_r a_b f_y z} \tag{5.2.8-1}$$

$$A_s \geq \frac{M-0.4Nz}{0.4 a_r a_b f_y z} \tag{5.2.8-2}$$

上述公式中的系数 a_v、a_b 应按下列公式计算：

$$a_v = (4.0-0.08d)\sqrt{\frac{f_c}{f_y}} \tag{5.2.8-3}$$

$$a_b = 0.6 + 0.25 \frac{t}{d} \tag{5.2.8-4}$$

式中：A_s——锚筋总截面面积(mm^2)；

V——剪力设计值(kN)；

N——法向拉力或压力设计值(kN),法向压力设计值不应大于 $0.5 f_c A$,此处 A 为锚板面积(mm^2)；

M——弯矩设计值(kN·m),当 $M<0.4Nz$ 时,取 $0.4Nz$；

a_r——锚筋层数影响系数,当锚筋按等间距布置时,两层取 1.0,三层取 0.9,四层取 0.85；

a_b——锚板弯曲变形的折减系数；

a_v——锚筋受剪承载力系数,计算大于 0.7 时取 0.7；

d——锚筋直径(mm)；

t——锚板厚度(mm)；

z——沿剪力作用方向最外层锚筋中心线之间的距离(mm)；

f_c——混凝土抗压强度设计值(MPa)；

f_y——锚筋的抗拉强度设计值,但不应大于 300 MPa。

2 锚板厚度可简化为三边简支、一边固结图式,按公式(5.2.8-5)计算：

$$t = \sqrt{\frac{6M}{f}} = \sqrt{\frac{6ql^2}{2f}} \tag{5.2.8-5}$$

基础对锚板单位面积的压应力按公式(5.2.8-6)计算：

$$q = \frac{N}{A} \tag{5.2.8-6}$$

式中：f——钢材抗拉、抗压、抗弯强度设计值(MPa)；

l——锚板长度(mm)；

N——锚板所受压力(kN)；

A——锚板面积(mm^2)。

条文说明：受力预埋件的锚筋应采用 HRB400 或 HPB300 钢筋,不应采用冷加工钢筋。

5.3 碗扣式支架计算

5.3.1 碗扣支架设计应确保架体结构体系稳定,并应具有足够的强度、刚度和整体稳定性。

5.3.2 碗扣支架应根据架体构造、搭设部位、使用功能、荷载等因素进行计算,应包括以下内容：

1 立杆稳定性。

2 支架抗倾覆。

条文说明：本条列出了一般情况下碗扣式支架设计计算内容，但不仅仅局限于所列内容，设计时应根据架体结构、工程概况、搭设部位、使用功能要求、荷载、构造等因素具体确定。

5.3.3 支架立杆稳定性验算应符合下列规定：

1 按轴心受压构件验算立杆稳定性时，根据公式(5.3.3-1)进行计算。

$$\frac{\gamma_0 N}{\varphi A} \leqslant f \tag{5.3.3-1}$$

式中：γ_0——结构重要性系数，根据表5.1.5采用；

N——立杆的轴力设计值(N)，无风荷载时立杆的轴力设计值应按式(5.3.4-1)、式(5.3.4-2)分别计算，并应取较大值；

φ——轴心受压构件的稳定系数，根据立杆长细比 $\lambda = \frac{l_0}{i}$，按附录D取值；

A——立杆的毛截面面积(mm^2)；

l_0——立杆计算长度(mm)，按公式(5.3.7)计算；

i——截面回转半径(mm)；

f——与结构物连接件钢材的强度设计值(MPa)。

2 按压弯构件验算立杆稳定性时，根据公式(5.3.3-2)进行计算。

$$\frac{\gamma_0 N}{\varphi A} + \frac{\gamma_0 M_w}{W} \leqslant f \tag{5.3.3-2}$$

式中：W——立杆的截面模量(mm^3)；

M_w——立杆由风荷载产生的弯矩设计值(N/mm)，按第5.3.8条的规定计算。

无风荷载时，立杆按照轴心受压构件计算。当有风荷载时，立杆应分别按轴心受压构件和压弯构件两种工况进行计算，并应同时满足稳定性要求，立杆轴力设计值应符合下列规定：

1) 当按轴心受压计算公式(5.3.3-1)计算立杆稳定性时，立杆的轴力设计值应组合由风荷载在立杆中产生的最大附加轴力，按式(5.3.4-3)、式(5.3.4-4)分别计算并取较大值。

2) 当按压弯构件计算公式(5.3.3-2)计算立杆稳定性时，立杆的轴力设计值应不组合由风荷载在立杆中产生的附加轴力，按式(5.3.4-1)、式(5.3.4-2)分别计算并取较大值。

3 立杆轴心受压稳定系数，应根据立杆计算长度确定的长细比，按附录D取值；立杆计算长度应按第5.3.7条的规定计算。

条文说明：根据受力工况，无风荷载时将立杆简化为轴向受压构件；有风荷载时将立杆简化为压弯杆件。支架立杆稳定性计算中由风荷载产生的最大附加轴力和风荷载产生的弯矩不同时考虑，应分别组合计算，并应同时满足承载力要求。公式(5.3.3-1)中未考虑风荷载产生的弯矩 M_w，应考虑由风荷载产生的最大附加轴力 N；公式(5.3.3-2)中考虑了风荷载产生的弯矩 M_w，就不应考虑由风荷载产生的最大附加轴力 N。

5.3.4 支架立杆的轴力设计值计算，应符合下列规定：

1 不组合由风荷载产生的附加轴力时，应按式(5.3.4-1)、式(5.3.4-2)计算。

1) 由可变荷载控制的组合：

$$N = 1.2(\sum N_{Gk1} + \sum N_{Gk2}) + 1.4 N_{Qk} \tag{5.3.4-1}$$

2) 由永久荷载控制的组合：

$$N = 1.35(\sum N_{Gk1} + \sum N_{Gk2}) + 1.4 \times 0.7 N_{Qk} \tag{5.3.4-2}$$

2 组合由风荷载产生的附加轴力时,应按式(5.3.4-3)、式(5.3.4-4)计算。

1) 由可变荷载控制的组合:

$$N = 1.2(\sum N_{Gk1} + \sum N_{Gk2}) + 1.4(N_{Qk} + 0.6 N_{wk}) \tag{5.3.4-3}$$

2) 由永久荷载控制的组合:

$$N = 1.35(\sum N_{Gk1} + \sum N_{Gk2}) + 1.4(0.7 N_{Qk} + 0.6 N_{wk}) \tag{5.3.4-4}$$

式中:$\sum N_{Gk1}$——立杆由架体结构及附件自重产生的轴力标准值总和(N);

$\sum N_{Gk2}$——立杆由模板及支撑梁自重和混凝土及钢筋自重产生的轴力标准值总和(N);

N_{Qk}——立杆由施工荷载产生的轴力标准值(N);

N_{wk}——立杆由风荷载产生的最大附加轴力标准值(N),按第5.3.5条的规定计算。

条文说明:支架立杆轴力应按组合风荷载和不组合风荷载两种情况分别计算。

5.3.5 支架在风荷载作用下,计算单元立杆产生的附加轴力,如图5.3.5所示,可按线性分布确定,并可按公式(5.3.5)计算立杆最大附加轴力标准值。当独立架体高宽比不大于3,且作业层上竖向栏杆围挡(模板)高度不大于1.2m时,支架立杆可不计入由风荷载产生的附加轴力标准值。

图5.3.5 风荷载作用下立杆附加轴力分布示意图

$$N_{wk} = \frac{6n}{(n+1)(n+2)} \cdot \frac{M_{Tk}}{B} \tag{5.3.5}$$

式中:N_{wk}——立杆由风荷载产生的最大附加轴力标准值(N);

n——支架计算单元立杆跨数;

M_{Tk}——支架计算单元在风荷载作用下的倾覆力矩标准值(N·mm),按第5.3.10条的规定计算;

B——支架横向宽度(mm)。

条文说明:本条给出了风荷载作用下立杆中产生的最大附加轴力的近似计算公式。水平风荷载作用下,支架由于有竖向剪刀撑等斜向杆件的存在,会由于剪力滞后等因素,导致立杆轴力为复杂的非线性分布。为简化计算,本指南假定在风荷载作用下,在立杆中产生了线性分布的拉力或压力,且中性轴位于架体底面中心点。这些成对拉压力产生的力偶抵抗风荷载产生的倾覆力矩,根据"平截面假定"得到立杆最大附加轴力的计算公式。

5.3.6 支架单根立杆轴力设计值应满足立杆稳定性要求,当立杆采用Q235级材质钢管时,单根立杆轴力设计值不应大于30kN。

条文说明:采用Q355级材质钢管时,单根立杆轴力设计值的最大值应由试验研究确定。单根立杆的轴力设计值应满足立杆稳定性计算结果。在此原则之上,本条规定立杆轴力设计值的上限,是为了从限制立杆受力的角度确保架体的整体稳定性。如果单根立杆轴力设计值超出了本条的规定,则不满足支架的可靠度指标。

5.3.7 支架立杆计算长度应按公式(5.3.7)计算:

$$l_0 = k\mu(h + 2a) \tag{5.3.7}$$

式中:h——步距(mm)。

a ——立杆伸出顶层水平杆长度。可按650mm取值；当a=200mm时，取a=650mm对应承载力的1.2倍；当200mm<a<650mm时，承载力可线性插入。

μ ——立杆计算长度系数。步距为0.6m、1.0m、1.2m、1.5m时，取1.1；步距为1.8m、2.0m时，取1.0。

k ——立杆计算长度附加系数，按表5.3.7采用。

表5.3.7 支架立杆计算长度附加系数

架体搭设高度 H(m)	$H≤8$	$8<H≤10$	$10<H≤20$	$20<H≤30$
k	1.155	1.185	1.217	1.291

注：当验算立杆允许长细比时，取k=1.000。支架立杆长系比不大于230；斜杆长系比不大于250；受拉杆件长系比不大于350。

条文说明：本条给出了支架立杆计算长度的计算公式。立杆的局部失稳总是发生在最顶部的立杆段，顶部自由外伸长度从200mm增加到650mm，立杆的极限承载力降低约为20%，实际计算中一律按照a=650mm进行计算，然后根据实际a值进行承载力调整。

5.3.8 立杆由风荷载产生的弯矩设计值应按公式(5.3.8)计算：

$$M_w = 1.4 \times 0.6 M_{wk} \tag{5.3.8}$$

式中：M_w ——立杆由风荷载产生的弯矩设计值（N·mm）；

M_{wk} ——立杆由风荷载产生的弯矩标准值（N·mm），按公式(5.3.9)计算。

5.3.9 支架立杆由风荷载产生的弯矩标准值应按公式(5.3.9)计算：

$$M_{wk} = \frac{l_a \omega_k h^2}{10} \tag{5.3.9}$$

式中：M_{wk} ——立杆由风荷载产生的弯矩标准值（N·mm）；

l_a ——立杆纵向间距（mm）；

ω_k ——风荷载标准值（N/mm²），以单榀桁架风荷载体型系数μ_{st}按本指南第4.2.5条的规定计算；

h ——步距。

条文说明：本条给出的风荷载产生的弯矩设计值是将立杆视作竖向联系构件推导出的。其基本假设是：对于有斜向支撑（剪刀撑）的框架式支架体系，风荷载作用下立杆节点无侧向位移，可将立杆作为竖向连续梁。应当注意的是，当计算风荷载标准值时，体型系数应按现行国家标准《建筑结构荷载规范》（GB 50009）中单榀桁架体型系数μ_{st}的规定计算，这是因为，风荷载作用下的立杆弯矩计算仅考虑迎风面最外侧立杆直接受到的风压力，不考虑多排相牵连的平行桁架的整体作用，即风荷载体型系数的确定要分清楚计算对象。

5.3.10 风荷载作用在支架上产生的倾覆力矩标准值计算，如图5.3.10所示，可取架体横向（短边方向）的一榀架及对应范围内的顶部竖向栏杆围挡（模板）作为计算单元，并按公式(5.3.10-1)、公式(5.3.10-2)、公式(5.3.10-3)计算：

$$M_{Tk} = \frac{1}{2}H^2 \cdot q_{wk} + H \cdot F_{wk} \tag{5.3.10-1}$$

$$q_{wk} = l_a \cdot \omega_{fk} \tag{5.3.10-2}$$

$$F_{wk} = l_a \cdot H_m \cdot \omega_{mk} \tag{5.3.10-3}$$

式中：M_{Tk} ——支架计算单元在风荷载作用下的倾覆力矩标准值（N·mm）。

q_{wk} ——风荷载作用在支架计算单元的架体范围内的均布荷载标准值（N/mm²）。

F_{wk} ——风荷载作用在支架计算单元的竖向栏杆围挡（模板）范围内产生的水平集中力标准值（N），作用在架体顶部。

H——架体搭设高度(mm)。

l_a——立杆纵向间距(mm)。

ω_{fk}——架体风荷载标准值(N/mm^2),以多榀平行桁架整体风荷载体型系数 μ_{stw} 按本指南第4.2.5条规定计算。

ω_{mk}——支架竖向栏杆围挡(模板)的风荷载标准值(N/mm^2),按本指南第4.2.4条规定计算。封闭栏杆(含安全网)体型系数 μ_s 宜取1.0;模板体型系数 μ_s 宜取1.3。

H_m——支架顶部竖向栏杆围挡(模板)的高度(mm)。当钢筋未绑扎时,顶部只计算安全网的挡风面积;当钢筋绑扎完毕,已安装梁板模板后,应将安全立网和侧模两个挡风面积分别计算,取大值。

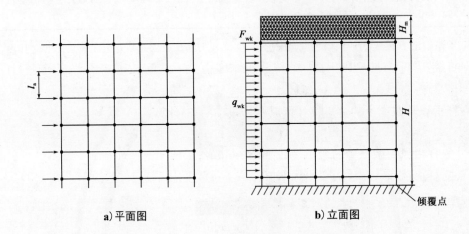

a) 平面图　　　　　b) 立面图

图5.3.10　风荷载沿架体横向作用示意图

条文说明: 本条给出了风荷载作用于支架的单榀架平面简化计算模型,将风荷载分为架体均布线荷载和模板水平集中力两部分,其中架体部分的均布风荷载标准值应以架体顶部高度确定的风荷载高度系数进行计算。确定架体风荷载计算模型是计算架体抗倾覆承载力和计算架体在风荷载作用下杆件内力的前提条件。

5.3.11 在风荷载作用下,支架的抗倾覆承载力应按公式(5.3.11)计算:

$$B^2 l_a (g_{1k}+g_{2k}) + 2\sum_{j=1}^{n} G_{jk} b_j \geqslant 3\gamma_0 M_{Tk} \tag{5.3.11}$$

式中:B——支架横向宽度(mm);

l_a——立杆纵向间距(mm);

g_{1k}——支架均匀分布的架体及附件自重面荷载标准值(N/mm^2);

g_{2k}——支架均匀分布的架体上部的模板等物料自重面荷载标准值(N/mm^2);

G_{jk}——支架计算单元上集中堆放物料自重标准值(N);

b_j——支架计算单元上集中堆放的物料至倾覆原点的水平距离(mm);

M_{Tk}——支架计算单元在风荷载作用下倾覆力矩标准值(N·mm),按第5.3.10条的规定计算。

条文说明: 当架体高宽比较大时,横向风荷载作用极易使立杆产生拉压力,它的力学特征实际上就是造成架体的"倾覆"。为了避免架体出现"倾覆"的情况,本条规定了架体倾覆验算的基本计算公式。立杆附加轴力是与架体抗倾覆密切相关的,倾覆效应显著的架体,立杆在风荷载作用下的附加轴力也显著。

抗倾覆力矩仅考虑支架架体及附件自重和顶部模板等物料自重,混凝土自重虽然为永久荷载,但不应计入,这是根据倾覆验算的最不利阶段确定的。施工荷载对抗倾覆有利,也不应计入。对抗倾覆有利的自重荷载,分项系数取0.9。

水平风荷载作用下,架体抗倾覆计算公式推导如下:

$$\gamma_0 M_T \leqslant M_R \tag{5-1}$$

$$M_T = 1.4 M_{Tk} \tag{5-2}$$

$$M_R = 0.9 \left[\frac{1}{2} B^2 l_a (g_{1k}+g_{2k}) + \sum_{j=1}^{n} G_{jk} b_j \right] \tag{5-3}$$

将式(5-2)、式(5-3)代入式(5-1)得到：

$$B^2 l_a (g_{1k}+g_{2k}) + 2\sum_{j=1}^{n} G_{jk} b_j \geqslant 3\gamma_0 M_{Tk} \tag{5-4}$$

如果架体上部无集中堆放的物料,则式(5-4)简化为：

$$g_{1k}+g_{2k} \geqslant \frac{3\gamma_0 M_{Tk}}{B^2 l_a} \tag{5-5}$$

5.4 承插型盘扣式支架计算

5.4.1 承插型盘扣式支架计算应包括以下内容：

1 立杆稳定性。

2 独立支架超出规定高宽比时的抗倾覆。

3 连接盘抗剪承载力。

5.4.2 支架应通过立杆顶部插入可调顶托传递水平模板上的各项荷载,水平杆的步距应根据模板支架设计计算确定。

条文说明：对于独立方塔架计算整体稳定性时,按格构柱结构形式计算分析可借助计算软件建立整体模型,相关试验表明,盘扣钢管支架水平杆与立杆连接节点具有一定的抗扭转能力,其抗扭转刚度可取 $8.6 \times 10^7 \, \text{N} \cdot \text{mm/rad}$。

5.4.3 当杆件变形量有控制要求时,应按正常使用极限状态验算其变形量。受弯构件的挠度不应超过 10mm 和 $L/150$,L 为受弯构件跨度。

条文说明：容许挠度是根据现行国家标准《冷弯薄壁型钢结构技术规范》(GB 50018)的规定确定的。

5.4.4 立杆稳定性应按公式(5.4.4-1)及公式(5.4.4-2)计算。

不组合风荷载时：

$$\frac{N}{\varphi A} \leqslant f \tag{5.4.4-1}$$

组合风荷载时：

$$\frac{N}{\varphi A} + \frac{M_w}{W} \leqslant f \tag{5.4.4-2}$$

风荷载设计值产生的弯矩：

$$M_w = 0.9 \times 1.4 M_{wk} = \frac{0.9 \times 1.4 \omega_k l_a h^2}{10} \tag{5.4.4-3}$$

式中：N——立杆轴向力设计值(N)；

M_w——计算立杆段由风荷载设计值产生的弯矩(N·mm)；

f——钢材的抗拉、抗压和抗弯强度设计值(MPa)；

φ——轴心受压构件的稳定系数,应根据立杆长细比 $\lambda = \frac{l_0}{i}$,按附录 D 取值,计算长度 l_0 按本指南第 5.4.6 条计算；

ω_k——风荷载标准值(N/mm²)；

h——水平杆竖向最大步距(mm)；

l_a——立杆纵距(mm)；

W——立杆截面模量(mm^3),按表5.4.4采用;
A——立杆的截面面积(mm^2),按表5.4.4采用。

表 5.4.4　钢管截面特性

外径 φ(mm)	壁厚 t(mm)	截面积 A(mm^2)	惯性矩 I(mm^4)	截面模量 W(mm^3)	回转半径 i(mm)
60.3	3.2	571	231000	7700	20.1
48.3	3.2	450	113600	4730	15.9
48.3	2.5	357	92800	3860	16.1
33.7	2.3	222	26300	1590	10.9

5.4.5 支架单立杆轴向力设计值应按公式(5.4.5-1)及公式(5.4.5-2)计算。

当立杆不考虑风荷载时,应按承受轴向荷载杆件计算;当考虑风荷载时,应按压弯杆件计算。

不组合风荷载时:

$$N = 1.2\sum N_{GK} + 1.4\sum N_{QK} \qquad (5.4.5\text{-}1)$$

组合风荷载时:

$$N = 1.2\sum N_{GK} + 0.9 \times 1.4\sum N_{QK} \qquad (5.4.5\text{-}2)$$

式中:N——立杆轴向力设计值(N);
$\sum N_{GK}$——模板及支架自重、梁体自重标准值产生的轴向力总和(N);
$\sum N_{QK}$——施工人员及施工设备荷载标准值和风荷载标准产生的轴向力总和(N)。

5.4.6 支架立杆计算长度按公式(5.4.6-1)及公式(5.4.6-2)计算,并应取其中的较大值。

$$l_0 = \eta h \qquad (5.4.6\text{-}1)$$
$$l_0 = h' + 2ka \qquad (5.4.6\text{-}2)$$

式中:l_0——支架立杆计算长度(mm)。
a——支架可调顶托支撑点至顶层水平杆中心线的距离(mm)。
h——支架立杆中间层水平杆最大竖向步距(mm)。
h'——支架立杆顶层水平杆步距,宜比最大步距减少一个盘扣的距离(mm)。
η——支架立杆计算长度修正系数。水平杆步距为0.5m或1m时,可取1.60;水平杆步距为1.5m时,可取1.20。
k——悬臂端计算长度折减系数,可取0.7。

条文说明:失稳坍塌破坏是承插型盘扣式钢管模板支架的主要破坏形式,考虑到该支架的设计计算一般由施工现场工程技术人员进行,因此采用单立杆稳定性验算的形式来验算模板支架的整体稳定性。承插型盘扣式钢管支架结构本质上是一种半刚性空间框架钢结构,水平杆与立杆之间连接为介于"铰接"与"刚接"之间的一种连接形式。

5.4.7 四周无拉结的高大模板独立架体,高度在8m以上且高宽比大于3时应进行抗倾覆验算,整体抗倾覆稳定性应按公式(5.4.7)计算:

$$M_R \geqslant M_{TK} \qquad (5.4.7)$$

式中:M_R——设计荷载下模板支架抗倾覆力矩(N·mm),按第5.3.11条的规定计算;
M_{TK}——设计荷载下模板支架倾覆力矩(N·mm),按第5.3.11条的规定计算。

条文说明:架体高度在8m以上、高宽比大于3的高大模板支架应验算支架整体抗倾覆稳定性。计算倾覆力矩时,作用在架顶水平力指考虑施工中的混凝土浇筑时泵管振动等各种未预见因素产生的水平荷载,并且以线荷载的形式作用在架体顶部水平方向,其荷载标准值应按照本指南第4.2.2节取值;计算抗倾覆力矩时,作用在架体的竖向荷载包括架体自重和钢筋混凝土自重。

5.4.8 盘扣节点连接盘的抗剪承载力应按公式(5.4.8)计算:

$$N \leqslant Q_b \tag{5.4.8}$$

式中:N——作用在盘扣节点处连接盘上的竖向力设计值(kN),按本指南第5.4.5条的规定计算;

Q_b——连接盘抗剪承载力设计值,可取40kN。

5.5 基础及地基承载力计算

5.5.1 梁式支架结构的扩大基础和桩基础,宜按现行《公路桥涵地基与基础设计规范》(JTG D63)、《公路桥涵施工技术规范》(JTG/T F50)等规范进行设计。

5.5.2 满堂支架结构应对地基承载力进行计算,立杆基础底面地基的平均压应力应满足公式(5.5.2)的要求:

$$\sigma_d = \frac{N}{A} \leqslant f_g \tag{5.5.2}$$

式中:N——支架传至基础顶面的轴力设计值(N);

f_g——地基承载力特征值(MPa),可根据实测确定;

A——立杆基础底面积(mm²),

$$A = B \cdot D, \quad B = b + 2h\tan\alpha, \quad D = d + 2h\tan\alpha$$

h——基础垫层厚度(mm);

b、d——立杆底座长和宽(mm);

α——应力扩散角(°),其值应根据不同垫层材料按相关规定确定;

B、D——计算值不应大于相邻立杆间距,否则取相邻立杆间距(mm)。

6 构造要求

6.1 一般规定

6.1.1 钢支架的构造要求应符合下列规定：

1 支架应具有足够的强度、刚度和稳定性，应能承受施工过程中所产生的各种荷载。

2 支架的构造应简单、合理，结构受力明确，安装、拆除方便。

3 支架的总体构造和细部构造均应设置成几何不变体系，设置对拉系统时应进行可靠连接。

4 梁式支架立柱之间应根据其受力要求和结构特点设置纵横向连接系。

5 跨越既有铁路、公路或其他建筑设施的支架结构应按规定进行安全防护设计；对于水中支架应采取必要的防冲刷措施；在寒冷地区应采取必要的防流冰措施。

6 支架应设置可靠的接地装置。

6.1.2 满堂支架构造除应满足本指南第 6.1.1 条规定外，还应符合下列规定：

1 同一桥跨的支架宜采用同类型构配件搭设。

2 支架的高度超过其平面最小边尺寸时，可采用刚性结构将支架与墩身进行可靠连接；连接结构的竖向间距不应大于支架的平面最小尺寸，横向间距不应大于 2m。

3 支架的地基顶面应设置厚度不小于 200mm 的混凝土垫层，其强度等级不低于 C20。

6.1.3 碗扣式支架剪刀撑设置应符合下列要求：

1 立杆间距小于或等于 1.5m 时，应在支架的四周及中间的纵、横向，由底至顶连续设置竖向剪刀撑，其间距不应大于 4.5m；立杆间距大于 1.5m 时，应在拐角处设置通高的专用斜杆，中间每排每列均应设置通高的八字形斜杆或剪刀撑。剪刀撑的斜杆与地面的夹角应在 45°～60°之间，斜杆应每步与立杆扣接。

2 支架高度大于 4.8m 时，其顶部和底部应设置水平剪刀撑，水平剪刀撑设置间距不应大于 4.8m。

3 剪刀撑采用与支架立杆规格相同的钢管，用旋转扣件与立杆扣接；当剪刀撑不能与立杆扣接时，应与该立杆相邻的水平杆扣接；扣接点距支架节点的距离不应大于 150mm。

4 每根剪刀撑钢管的长度不宜小于 6m，扣接的立杆和水平杆数量不应小于 4 根。

5 剪刀撑应采用搭接接长，搭接长度应大于 1000mm，搭接处应等间距设置 3 个旋转扣件扣紧，扣件边缘至杆端的距离应大于 100mm。

6.2 梁式支架

6.2.1 一般规定：

1 同一桥跨的支架宜采用相同类型、立柱和承重梁结构。

2 支架立柱底面应根据其基础的承压强度设置钢垫板，钢垫板与立柱及基础应密贴并连接牢固。

3 立柱应根据局部应力采取加强措施，使立柱顶部均匀受压。

4 应根据支架结构形式设置落架装置。

6.2.2 预埋锚板应符合下列构造要求：

1 受力预埋件的锚板应采用 Q235、Q355 级钢，锚板厚度应根据设计计算确定，且不宜小于锚筋直径的 60%；锚筋应采用 HRB400 或 HPB300 钢筋。

2 当锚筋与锚板采用手工焊接时，角焊缝焊脚尺寸不宜小于 6mm 且不宜小于 $0.6d$，d 为锚筋直径。

3 受剪和受压锚筋的锚固长度不应小于 $15d$。

4 板厚度宜大于锚筋直径的 0.6 倍。受拉和受弯预埋件的锚板厚度宜大于 $b/8$，b 为锚筋的间距。锚筋中心至锚板边缘的距离不应小于 $2d$ 且不小于 20mm。

6.2.3 立柱钢管应符合下列构造要求：

1 钢管的外径与壁厚之比不应超过 100。

2 立柱钢管顶部应加焊肋板和桩帽。钢管底部与法兰盘连接位置应加焊加劲板，接头强度不应小于钢管自身强度。

3 当钢管的长细比大于 150 时，应采用连接系形成格构式框架柱；连接系与钢管之间通过节点板进行连接，连接强度不应小于连接系自身强度。

4 邻近墩身的单排钢管可将钢管与墩身进行可靠连接。

5 立柱钢管与平联、斜撑管之间连接时，开口曲线设置在水平连接系或斜撑上，不应在立柱钢管上开口焊接，不应平联穿过立柱钢管。

6.2.4 立柱型钢应符合下列构造要求：

1 柱的拼接连接，H 形截面柱其翼缘可采用完全焊透的坡口对接焊缝连接，腹板采用高强度螺栓连接；也可全部采用高强度螺栓连接。

2 在柱的拼接处需适当设置安装耳板作为临时固定。

6.2.5 立柱万能杆件的螺栓的抗剪和挤压强度不应小于杆件强度。

6.2.6 采用贝雷梁作支架纵梁时，应符合下列构造要求：

1 应根据贝雷梁的跨度和结构特点，设置通长横向连接系将同跨内全部纵梁连接成整体，贝雷梁两端及支承位置均应设置通长横向连接系。

2 当贝雷梁支承位置不在其主节点上时，应设置加强竖杆或 V 形斜杆对桁架进行加强。

3 应在贝雷梁支承位置设置侧向限位装置，不应将贝雷梁直接焊接在其支承结构上。

4 贝雷梁顶、底面应保证整洁、平整，不应有变形等。

5 分配梁与贝雷梁、分配梁与砂筒之间应可靠连接，不应出现悬空现象。

6.3 碗扣式支架

6.3.1 碗扣式支架构造应符合下列规定：

1 立杆间距和水平杆步距应根据支架所承受的荷载通过计算确定,并利于支架安装、拆除作业。

2 每根立杆应设置 U 形可调顶托,顶托上设置方木或型钢承受梁体荷载。不应用水平杆直接承受梁体荷载。可调顶托伸出顶层水平杆的长度不应大于 650mm,如图 6.3.1 所示,螺杆插入立杆的长度不应小于 150mm;可调顶托伸出立杆的长度不宜大于 300mm;安装时螺杆的轴向中心线应与钢管的轴向中心线对齐,且螺杆外径与立杆钢管内径的间隙不应大于 3mm。

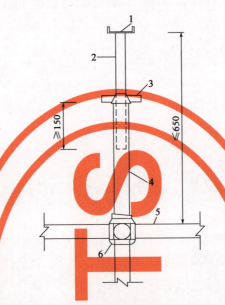

图 6.3.1 立杆可调顶托伸出顶层水平杆的悬臂长度图(尺寸单位:mm)
1-顶托;2-螺杆;3-调节螺母;4-立杆;5-顶层水平杆;6-碗扣节点

3 可调顶托上主楞支撑梁应居中设置,接头宜设置在 U 形托板上,同一断面上主楞支撑梁接头数量不应超过 50%。

4 每根立杆的底部应设置可调底座,底座螺杆插入立杆内的长度不应小于 150mm,伸出立杆的长度不应大于 150mm;底座下宜设置垫木,垫木长度应大于 3 跨。

条文说明:支架顶层水平杆以上的结构为失稳的重点控制部位,立杆伸出顶层水平杆的自由悬臂长度过大会导致立杆因局部失稳而造成架体整体坍塌,可调托撑螺杆插入立杆长度过小也会大大降低立杆顶端的稳定性。本条规定了立杆伸出顶层水平钢管的自由悬臂长度的上限值,也规定了螺杆插入立杆长度的下限值,以确保立杆的局部稳定性。

本条规定立杆可调顶托的自由外伸长度不超过 650mm,当可调顶托的外伸长度较大导致顶部自由端长度超过 650mm 时,通常做法为在顶托板底部设置附加顶部水平杆(并将斜撑杆或剪刀撑延伸至该层),此时 a 值应从附加的顶部水平杆算起。

6.3.2 水平杆步距应通过设计计算确定,并应符合下列规定:

1 步距应通过立杆碗扣节点间距均匀设置。

2 当立杆采用 Q235 级材质钢管时,水平杆步距应按 0.6m 或 1.2m 选取。

3 当立杆采用 Q355 级材质钢管时,步距不应大于 2.0m。

4 结构重要性系数为 1.1 时,支架顶层两步距应比标准步距缩小至少一个节点间距,但立杆稳定性计算时的立杆计算长度应采用标准步距。

5 立杆底端和顶端的碗扣节点应设置纵、横向水平杆;底层纵、横向水平杆作为扫地杆,距地面高度应小于或等于 350mm。

条文说明：碗扣式支架的水平杆步距为 60cm 的倍数。当水平杆步距为 180cm 时，立杆受压的稳定系数为 0.489，立杆承载力效能很低，且不能保证每根短立杆 LG-120 都有水平杆连接，也不能保证每根立杆 LG-240、LG-300 有两层水平杆连接，影响支架的整体稳定性。

6.3.3 立杆间距应通过设计计算确定，并应符合下列规定：

1 当立杆采用 Q235 级材质钢管时，立杆间距应按 0.3m 的倍数选取，且不应大于 1.2m。

2 当立杆采用 Q355 级材质钢管时，立杆间距不应大于 1.8m。

3 立杆纵向间距应根据梁体高度分段设置，横向间距对应梁体腹板、底板、翼缘板等不同部位分别设置。

6.4 承插型盘扣式支架

6.4.1 支架通过立杆顶部插入可调顶托，支架立杆应为轴心受压形式，顶部模板支撑梁应按荷载设计要求选用，混凝土梁下的支撑杆件应用水平杆件连成一体。

6.4.2 支架应根据计算得出的立杆排架尺寸选用定长的水平杆，并根据支撑高度确定组合套插的立杆段、可调顶托和可调底座。

6.4.3 支架的斜杆或剪刀撑设置应符合下列要求：

1 当搭设高度不超过 8m 的时，步距不宜超过 1.5m，支架架体四周外立面向内的第一跨每层均应设置竖向斜杆，架体整体底层以及顶层均应设置竖向斜杆，并应在架体内部区域每隔 5 跨由底至顶纵、横向均设置竖向斜杆，如图 6.4.3-1 所示，或采用扣件钢管搭设的剪刀撑，如图 6.4.3-2 所示。当架体高度超过 4 个步距时，应设置顶层水平斜杆或扣件钢管水平剪刀撑。

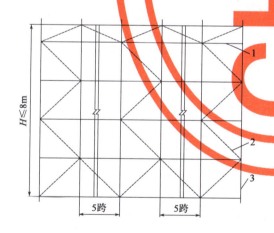 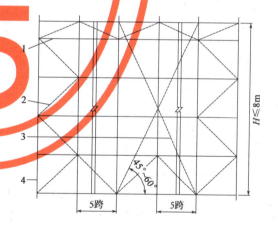

图 6.4.3-1 高度不大于 8m 斜杆设置立面图　　图 6.4.3-2 高度不大于 8m 剪刀撑设置立面图
1-水平杆；2-斜杆；3-立杆　　　　　　　　　1-水平杆；2-斜杆；3-扣件钢管剪刀撑；4-立杆

2 当架体高度超过 8m 时，应根据支架搭设高度及单支立杆荷载合理布置竖向斜杆，布置形式应符合相关规范要求，水平杆的步距不应大于 1.5m，沿高度每隔 4 个～6 个标准步距应设置水平层斜杆或扣件钢管剪刀撑，如图 6.4.3-3 所示，周边有结构物时，可与周边结构形成可靠拉结。

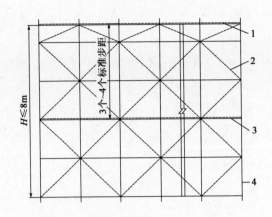

图 6.4.3-3 高度大于 8m 水平斜杆设置立面图
1-水平层斜杆或扣件钢管剪刀撑；2-斜杆；3-水平杆；4-立杆

6.4.4 对长条状的独立高支架，架体总高度与架体的宽度之比 H/B 不宜大于 3。

6.4.5 支架可调顶托伸出顶层水平杆或双槽钢托梁的悬臂长度，如图 6.4.5 所示，不应超过 650mm，且丝杆外露长度不应超过 400mm，可调顶托插入立杆或双槽钢托梁长度不应小于 150mm。

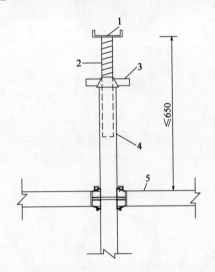

图 6.4.5 立杆带可调顶托伸出顶层水平杆的悬臂长度图（尺寸单位：mm）
1-顶托；2-螺杆；3-调节螺母；4-立杆；5-水平杆

条文说明：承插型盘扣式支架立杆顶部插入可调顶托，其伸出顶层水平杆的悬臂长度过大会导致支架立杆因局部失稳而造成支架整体坍塌。本条既规定了支架立杆顶部插入可调顶托后，其伸出顶层水平杆的悬臂长度的限值，又限定了可调顶托丝杆外露长度，以保证支架立杆的局部稳定性。

6.4.6 支架最顶层的水平杆步距应比标准步距缩小一个盘扣间距。

6.4.7 支架可调底座调节丝杆外露长度不应大于 300mm，作为扫地杆的最底层水平杆离地高度不应大于 550mm。当单肢立杆荷载设计值小于等于 40kN 时，底层的水平杆步距可按标准步距设置，且应设置竖向斜杆；当单肢立杆荷载设计值大于 40kN 时，底层的水平杆应比标准步距缩小一个盘扣间距，且应设置竖向斜杆。

6.5 通道口及附属设施

6.5.1 钢支架通道如图 6.5.1 所示，设置应符合下列规定：

1 通道上部应架设转换横梁,横梁设置应经过设计计算确定。

2 横梁下立柱数量和间距应由计算确定。

3 转换横梁和立杆之间应设置纵向分配梁和横向分配梁。

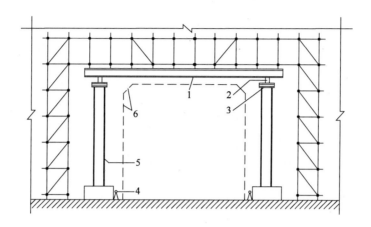

图 6.5.1 机动车通道设置示意图

1-转换横梁;2-纵向分配梁;3-横向分配梁;4-警示及防撞设施;5-钢管立柱;6-通道净空

条文说明:本条是对支架需设置车行通道时提出的构造措施要求。应用于高架桥或跨越既有道路的桥梁等支架时,通常需要留设跨度较大的通道通行,因此一般采用转换横梁承受上部的立柱传递的荷载。

6.5.2 钢支架跨越通航河道、公路和铁路等既有设施时应符合下列构造规定:

1 钢支架下净空应满足既有设施的安全限界要求。

2 支架结构应按规定设置导向、限高、限宽、减速、防撞、消防等设施及标识。

3 既有设施上方的支架底部应全部封闭,两侧应设置安全网等防护设施。

4 跨电气化铁路的支架,应满足铁路行车和行业规范要求。

条文说明:本条是考虑到支架跨越通航河道、公路、铁路等既有设施时的桥梁施工安全和桥下的河道通航、公路和铁路交通运输安全。

1 支架下净空安全限界需满足既有设施产权单位或管理部门有关要求。

2 设置导向、限高、限宽、减速、防撞等设施及标识、标示是为了保证交通畅通和防止车辆意外撞击支架结构,可按设施产权单位或管理部门要求设置。

3 既有设施上方的支架底部进行全部封闭和两侧设置安全网等防护设施是为了防止其上方的桥梁施工作业坠落物危及车辆和行人安全。

4 静电屏蔽防护、安装接地防护装置是跨越近邻电气化铁路施工的重要安全措施,需根据支架与铁路电气化设施间的安全距离进行专门设计。

6.5.3 支架应设置人行梯架或坡道,其构造应符合下列规定:

1 梯架或坡道应与支架连接固定,宽度不小于900mm。

2 梯架或坡道两侧及转弯平台应按作业平台构造的相关要求设置脚手板、防护栏杆和安全网。

3 梯架坡度不应大于1∶1;坡道坡度不应大于1∶3,坡面应设置防滑装置。

6.5.4 支架附属设施构造应符合下列规定:

1 支架顶面四周应设置宽度不小于900mm的作业平台,平台面应满铺脚手板,与结构物距离不应大于150mm,外侧应设置高度不低于180mm的挡脚板。

2 作业平台的临空面应设置高度不小于1200mm的刚性栏杆,栏杆外应设置安全网,作业层下也应设置水平安全网。栏杆与支架应连接牢固,栏杆顶部和中部内侧应各设置一道水平杆。

6.5.5 脚手板构造应符合下列规定:

1 脚手板的长度宜大于2m,并应支承在三根以上水平杆上,且与水平杆连接固定。

2 脚手板铺设宜采用搭接方式,搭接接头应设置在水平杆上,搭接长度不应小于200mm,接头伸出水平杆的长度不应小于100mm。

3 挡脚板应设置在支架立杆的内侧并固定在立杆上。

4 脚手板探头长度应小于或等于150mm。

7 搭设与拆除

7.1 一般规定

7.1.1 支架施工前应制定专项施工方案,应包括下列内容:

1 工程概况:工程基本情况、施工平面布置、施工要求和技术保证条件。

2 编制依据:相关法律、法规、规范性文件、标准、规范及施工图设计文件、施工组织设计等。

3 施工计划:包括施工进度计划、材料与设备计划。

4 施工工艺技术:技术参数、工艺流程、施工方法、检查验收等。

5 施工安全保证措施:组织保障、技术措施、应急预案、监测监控等。

6 劳动力计划:施工管理人员、专职安全管理人员、特种作业人员、其他作业人员配备和分工等。

7 验收要求:验收标准、验收程序、验收内容、验收人员等。

8 拆除方案。

9 计算书及相关施工图纸。

7.1.2 支架施工前,应按规定进行技术交底,明确施工方法、工艺流程和安全质量标准等相关要求。

7.1.3 支架构配件应按品种、规格分类放置在堆料区内或码放在专用架上,清点好数量备用。支架堆放场地应设置防护设施。

7.1.4 高空作业时应搭设作业平台,人行梯架或坡道的钢梯设置应符合第 6.5.3 条规定要求;施工作业层外侧周边应设置挡脚板和两道刚性栏杆,具体应符合第 6.5.4 条、第 6.5.5 条规定。

7.1.5 支架搭设完成后应进行全面的检查和验收;验收合格后在醒目位置悬挂支架验收合格标示牌。

7.2 地基处理及基础施工

7.2.1 梁式支架的基础应按现行《公路桥涵施工技术规范》(JTG/T F50)的相关规定进行施工。

7.2.2 满堂支架地基处理应符合下列要求:

1 地基处理前,应对处理范围测量放样,标示出处理边界。处理范围应比支架平面投影周边宽 1m 以上。

2 应清除支架范围内地面附着物和软弱土层,清理后的坑槽应及时填筑。寒冷地区,基础应采取防冻胀措施,确保支架基础稳定。

3 支架范围内的基坑应分层填筑,承载力应满足要求。

7.2.3 满堂支架基础施工应符合下列要求:

1 基础周边应设置排水沟,排水沟宜封闭处理。

2 支架的地基顶面应硬化处理,硬化厚度应经计算确定。

3 支架安装前应根据设计图纸进行放样。支架底部宜设置垫木，底座和垫木应定位准确。

7.3 搭设

7.3.1 梁式支架的搭设应满足下列规定：

1 打入桩应按贯入度和高程双指标进行控制。

2 中间立柱与平联安装全部结束后，进行两边斜撑管安装。

3 立柱的预埋件位置及高程应准确设置。立柱安装过程中应及时校正，垂直度偏差不应大于1/500，且柱顶偏移值不应大于50mm。

4 卸荷设备安装位置与立柱的轴心误差不应超过设计容许范围。

5 横梁和纵梁安装相对误差不应大于20mm。

6 横梁宜拼接成整体后吊装就位。横梁与立柱应连接牢固；横梁在支点位置应采取适当的限位固定措施。

7 搭设过程应层层检验。

条文说明：本条对梁式支架安装和搭设进行了详细的描述，在施工中应严格按照要求进行。

当钢管立柱与分配梁之间采用焊接时，焊缝质量应符合设计要求；当采用螺栓栓接时应将螺栓上满拧紧。在钢管立柱之间的连接系未设置焊牢前可根据实际情况必要时应设置缆风绳。

梁式支架搭设过程中安装横梁要保证其连接牢固，同时贝雷梁作为纵梁安装时先保证整体刚度，避免变形。

7.3.2 碗扣式支架应按顺序搭设，并应符合下列规定：

1 支架安装应逐层搭设，每层高度不应大于3m。

2 支架首层应采用不同长度的立杆交错布置，使相邻立杆的接头设置在不同步距内。

7.3.3 支架立杆在1.8m高度内的垂直度偏差不应大于5mm；支架全高的垂直度偏差应小于支架高度的1/600且不应大于35mm。

7.3.4 碗扣式支架构配件搭设应符合下列规定：

1 水平杆安装时应控制直线度和水平度；各层水平框架的纵、横向直线度应小于立杆间距的1/200，相邻水平杆的高差应小于±5mm。

2 剪刀撑、交叉支撑等加固件应与立杆和水平杆等同步安装，扣件应安装齐全并及时拧紧，扣件螺栓的拧紧扭力矩不应小于40N·m，且不应大于65N·m。

7.3.5 承插型盘扣式支架搭设应符合下列规定：

1 支架搭设应根据立杆放置可调底座，应按先立杆后水平杆再斜杆的顺序搭设，形成基本的架体单元，应以此扩展搭设成整体支架体系。

2 立杆应通过立杆连接套管连接，在同一水平高度内相邻立杆连接套管接头的位置应错开，且错开高度不宜小于75mm。支架高度大于8m时，错开高度不宜小于500mm。立杆的垂直偏差不应大于支架总高度的1/500，且不应大于50mm。

3 水平杆扣接头与连接盘的插销应插入至规定的刻度线。

4 每搭完一步支架后，应及时校正水平杆步距、立杆的纵横距、立杆的垂直偏差与水平杆的水平偏差。

7.4 预压

7.4.1 钢支架安装后应进行预压。预压荷载宜为支架需承受设计荷载的1.2倍,预压荷载的分布应与支架施工荷载分布一致。钢支架预压不应少于72h。

条文说明:对支架预压的目的是为了掌握支架在荷载作用下的沉降、变形规律,为梁体预拱度的合理设置提供依据,同时检验支架的安全可靠性。

要求预压荷载在支架上的分布应与支架实际承受荷载情况相一致,目的是真实反映支架上实际荷载分布特点和荷载集中情况,以保证预压效果和质量。

7.4.2 钢支架应考虑设置预拱度,并应符合下列要求:

1 设置的预拱度应包括结构的弹性、非弹性和地基沉降。

2 合理选择卸落装置。

3 钢支架预压加载和卸载应按对称、分层、分级的原则进行。

4 钢支架预压加载不应少于3级。预压可按支架所承受最大施工荷载的60%、100%、120%三级进行。加载重量偏差应控制在同级荷载的±5%以内。

7.4.3 钢支架预压时应监测以下内容:

1 地基及基础沉降变形。

2 支架竖向位移。

3 支架顶面水平位移。

4 支架杆件的侧弯。

5 梁式支架的挠度、扭曲、翘曲。

7.4.4 支架预压位移量检测频率应符合下列规定:

1 应记录各监测点位移初始值。

2 每级加载完成1h后进行支架的变形观测,以后间隔6h检测记录各检测点的位移量,当相邻两次监测位移平均值之差不大于2mm时,方可进行后续加载。

3 全部预压荷载施加完成48h后,应间隔6h监测记录各监测点的位移量;当连续12h监测位移平均值之差不大于2mm时,方可卸除预压荷载。

4 支架卸载6h后,应监测记录各检测点位移量。

7.4.5 钢支架预压完成后,应对支架进行检查,并根据监测数据计算分析基础沉降量和支架弹性变形量、非弹性变形量及平面位移量,评价支架安全性和确定立模高程,形成支架预压报告。

7.5 拆除

7.5.1 架体的拆除应按专项施工方案进行,做好安全技术交底,清除架体上的材料、工具、杂物等作业面的障碍物。

7.5.2 梁式支架拆除作业应符合下列规定：

1 落架应按搭设顺序的逆序，分级、循环进行。

2 多跨连续梁整联浇筑时，卸载落架脱模宜各跨同时均匀分次卸落，如必须逐跨落架时，宜由两边向中跨对称落架。

3 支架卸落过程中，应观察梁端支架变形情况，发现集中荷载节点出现异常情况时应立即停止落架，查明原因，及时采取加固措施，确保梁体安全。

7.5.3 满堂支架拆除作业应符合下列规定：

1 架体拆除应从顶层开始，自上而下逐层进行。

2 悬臂构件下架体的拆除，应从悬臂端向固定端拆除。

3 当满堂支架架体的自由高度大于两步距时，应加设临时风缆。

8 质量控制与验收

8.1 一般规定

8.1.1 支架的各类质量检测报告、检查验收记录和其他工程技术管理资料,应及时填写、归档。

8.1.2 当架体分段搭设、分段使用时,应进行分段验收。

8.2 地基及基础质量检验

8.2.1 扩大基础质量检验项目应符合表8.2.1的规定。

表8.2.1 扩大基础质量检验表

序号	检查项目	质量要求	检验方法	检验频率
1	地基承载力	符合设计要求	触探等	每个基础不少于3个点
2	基础平面位置	±50mm	测量	全部
3	基础结构尺寸	不小于设计	尺量	全部
4	基础顶面高程	±10mm	测量	每个基础不少于3个点
5	预埋件位置/数量	符合设计要求	测量、查看	全部
6	混凝土强度	符合设计要求	取样试验	每个基础3组试件
7	施工记录、试验资料	完整	查看资料	全部

8.2.2 钻孔桩基础质量检验项目应符合表8.2.2-1的规定;打入桩基础检验项目应符合表8.2.2-2的规定。

表8.2.2-1 钻孔桩基础质量检验表

序号	检查项目	质量要求	检验方法	检验频率
1	孔的中心位置	±50mm	测量	全部
2	孔径、孔深	不小于设计值	检孔、测量	全部
3	垂直度	钻孔:<1%;挖孔:<0.5%	测量	全部
4	沉渣厚度	摩擦桩:≤200mm;支承桩:≤50mm	测量	全部
5	钢筋笼	钢筋间距:±20mm;结构尺寸:±20mm;顶面高程:±20mm	尺量	每个
6	混凝土强度	符合设计要求	取样试验	每根桩2组试件
7	桩顶高程和桩头处理	符合设计要求	测量、查看	全部
8	施工记录、试验资料	完整	查看资料	全部

表 8.2.2-2 打入桩基础质量检验表

序号	检查项目		质量要求	检验方法	检验频率
1	桩位	中间桩	桩径或短边长的1/2,且不大于250mm	测量	全部
		边缘桩	桩径或短边长的1/4		
2	倾斜度		直桩,≤1%;斜桩,≤15%tanθ	测量	全部
3	入土深度和最终贯入度		符合设计要求	测量	全部
4	桩身接长		符合设计要求,连接牢固	查看	全部
5	桩顶高程和桩头处理		符合设计要求	测量、查看	全部
6	桩加工制造质量		满足相关规范要求	检查、检测	全部
7	施工记录、试验资料		完整	查看资料	全部

注:θ-斜桩轴线与垂线间的夹角。

8.2.3 满堂支架基础质量检验项目应符合表 8.2.3 的规定。

表 8.2.3 满堂支架基础质量检验表

序号	检查项目	质量要求	检验方法	检查频率
1	地基承载力	符合设计要求且≥180kPa	承载板或动力触探法	每100m² 不少于3个点
2	垫层平面尺寸	不小于设计且≥200mm	尺量	—
3	垫层厚度	不小于设计	尺量	每100m² 不少于3个点
4	垫层顶面平整度	20 mm	2m 直尺测量	每100m² 不少于3个点
5	垫层强度	符合设计要求且不低于C20	试验	—
6	排水设施	满足要求	查看	全部
7	施工记录、试验资料	完整	查看资料	全部

8.3 搭设质量检验

8.3.1 梁式支架的搭设质量检验项目应符合表 8.3.1 的规定。

表 8.3.1 梁式支架搭设质量检验表

序号	检查项目		质量要求	检验方法	检验频率
1	立柱	与基础接触面	密贴、平整	尺量、查看	全部
		平面位置	50mm		
		垂直度	≤$H/500$且≤50mm	测量	全部
		连接系	位置准确,连接牢固		
		预埋件位置和结构尺寸	符合设计要求	尺量、查看	全部

表 8.3.1（续）

序号	检查项目		质量要求	检验方法	检验频率
2	钢管	规格	符合设计要求	尺量、查看	全部
		外观质量	纵轴线弯曲矢高≤$L/1000$且<10mm，不应有严重锈蚀、脱皮	尺量、查看	全部
		焊缝 外观质量	符合设计要求	尺量、查看	全部
		焊缝 内部质量	符合设计要求	探伤检查	20%
3	钢管混凝土	混凝土强度等级	符合设计要求	检查记录	全部
		饱满、密实	符合设计要求	敲击	全部
4	横梁	规格	符合设计要求	查看	全部
		外观质量	弯曲矢高≤$L/1000$且<10mm，不应有严重锈蚀	尺量、查看	全部
		加工、安装质量	加劲肋符合设计要求	尺量、查看	全部
5	型钢	型号、数量、位置	符合设计要求	尺量、查看	全部
		加劲肋设置 间距	符合设计要求	尺量	全部
		加劲肋焊缝	符合设计要求	查看	全部
		侧向弯曲矢高	≤$L/1000$且不大于10mm	尺量	全部
		扭曲	≤$h/250$且不大于5mm	尺量	全部
		纵、横向连接系	符合设计要求	查看	全部
		焊缝 外观质量	符合设计要求	尺量、查看	全部
		焊缝 内部质量	符合设计要求	探伤、查看	全部
6	贝雷梁	型号、数量、位置	符合设计要求	查看	全部
		连接系或支撑架安装	符合设计要求	查看	全部
		贝雷梁顶面高程	符合设计要求	查看	全部
7	作业平台	防护栏杆高度、水平杆位置、连接	符合设计要求	尺量、查看	全部
8	梯步	宽度	≥900mm	尺量	全部
		坡度	≤1:1	尺量	全部
		防滑措施	符合规定	尺量、查看	全部
		脚手板材质、规格和安装	符合设计要求		
		安全网	牢固、连续		
		防护栏杆高度、水平杆位置、连接	符合设计要求		
9	砂筒	钢板厚度	符合设计要求	尺量	全部
		角焊缝焊脚尺寸	符合设计要求且≥8mm	尺量、焊缝检测报告	全部

表 8.3.1（续）

序号	检查项目		质量要求	检验方法	检验频率
9	砂筒	砂干燥程度	干燥	试验	全部
		荷载试验	1.5 倍最大验算轴向力	试验	全部
		筒塞混凝土强度	符合设计要求	试验	全部
		筒塞插入深度	符合设计要求	尺量	全部

注：H-支架总高度；L-跨度。

8.3.2 碗扣式支架的搭设质量检查项目应符合表 8.3.2 的规定。

表 8.3.2 碗扣支架搭设质量检验表

序号	检查项目		质量要求	检验方法	检验频率
1	底座与垫木、垫木与地基接触面		无松动或脱空	查看	全部
2	可调底座	插入立杆长度	≥150mm	尺量、查看	全部
		伸出立杆长度	≤150mm		
3	可调顶托	插入立杆长度	≥150mm	尺量、查看	全部
		伸出立杆长度	≤300mm 且≥100mm		
4	立杆	间距	符合设计要求	尺量、查看	全部
		接头	相邻立杆接头不在相同步距内		
		垂直度	1.8m 高度内偏差小于 5mm		
		纵、横向轴线	偏差小于间距的 1/200		
5	水平杆	步距	符合设计要求	查看、尺量	全部
		水平度	相邻水平杆高差小于 5mm		
		扫地杆距地面距离	≤350mm		
6	碗扣	水平杆端头未插入碗扣	不允许	查看	全部
		上碗扣未旋转锁紧	不允许		
7	剪刀撑	位置和距离	符合设计要求	尺量、查看	全部
		与地面交角	45°～60°		
		搭接长度及扣件数量	搭接长度大于 1000mm，搭接处扣件不小于 3 个		
		与立杆（水平杆）扣接	每步扣接，与节点距≤100mm		
		扣件拧紧力	不小于 40N·m 且不大于 65N·m		
8	顶托与纵（横）梁接触面		对中不允许脱空或线接触	查看	全部
9	纵（横）梁	间距	偏差小于 20mm	查看	全部
		下层纵（横）梁接头	置于顶托上，交错布置		
		上层纵（横）梁接头	交错搭接在下层纵（横）梁上		
10	支架全高垂直度		≤H/600 且＜35mm	测量	四周每面不少于 4 根杆

表8.3.2（续）

序号	检查项目		质量要求	检验方法	检验频率
11	梯步	宽度	≥900mm	尺量、查看	全部
		坡度	≤1:1		
		防滑措施	符合规定		
		脚手板材质、规格和安装	符合设计要求		
		安全网	牢固、连续		
		防护栏杆高度、水平杆位置、连接	符合设计要求		

注：H-支架总高度。

8.3.3 承插型盘扣式支架的搭设质量检查项目应符合表8.3.3的规定。

表8.3.3 承插型盘扣式支架搭设质量检验表

序号	检查项目		质量要求	检验方法	检验频率
1	底座与垫木、垫木与地基接触面		无松动或脱空	查看	全部
2	可调底座	插入立杆深度≥150mm	－5mm	尺量、查看	全部
		垂直度	±5mm		
3	可调顶托	插入立杆深度≥100mm	－5mm	尺量、查看	全部
		垂直度	±5mm		
4	立杆	竖向接长位置	符合设计要求	尺量、查看	全部
		间距	符合设计要求		
		垂直度	≤L/500mm且±50mm		
		组合对角线长度	±6mm		
5	水平杆	步距	符合设计要求	尺量、查看	全部
		水平度	±5mm	尺量、查看	全部
		插销销紧情况	符合7.3.4条规定	查看	全部
		纵、横向水平杆设置	符合设计要求	查看	全部
		扫地杆距地面距离	≤550mm	尺量、查看	全部
6	竖向斜杆	最底层步距处设置情况	符合设计要求	查看	全部
		最顶层步距处设置情况	符合设计要求		
		其他部位	符合设计要求		
7	剪刀撑	垂直纵、横向设置情况	符合设计要求	查看	全部
		水平向	符合设计要求		
8	顶托与纵（横）梁接触面		对中不允许脱空或线接触	查看	全部
9	纵（横）梁	间距	偏差小于20mm	查看	全部
		下层纵（横）梁接头	置于顶托上，交错布置		
		上层纵（横）梁接头	交错搭接在下层纵（横）梁上		

表 8.3.3（续）

序号	检查项目		质量要求	检验方法	检验频率
10	支架全高垂直度		≤H/600 且＜35mm	测量	四周每面不少于4根杆
11	梯步	宽度	≥900mm	尺量、查看	全部
		坡度	≤1:1		
		防滑措施	符合第6.5.3条规定		
		脚手板材质、规格和安装	符合设计要求		
		安全网	牢固、连续		
		防护栏杆高度、水平杆位置、连接	符合设计要求		

注：H-支架总高度。

8.4 预压检查

8.4.1 钢支架在预压过程中应进行检查，发现问题应及时处理。检查项目与内容应符合表8.4.1的规定。

表 8.4.1 钢支架预压检查表

序号	检查项目	检查内容	是/否
1	安全技术交底	预压安全技术交底记录中的责任人、对象、方法、内容是否齐全，交底是否有针对性	
2	支架状态牌	搭设后应是否按规定组织验收，验收通过后是否挂牌公示及告知	
3	预拱度设置	是否符合专项施工方案要求	
4	堆载方式	是否符合专项施工方案要求；使用砂（土）袋时是否有可靠的防雨措施	
5	测点布置	测点是否按专项施工方案要求设置	
6	分级加载	加载过程是否分级，分级荷载是否符合设计或本指南要求	
7	预压监测	监测内容是否齐全，监测频率、检测方法是否符合本指南规定	
8	预压时间	预压时间是否符合本指南规定	
9	杆件观测	支架杆件是否存在侧弯。梁式支架是否存在挠度、扭曲、翘曲	
10	预压报告	报告是否经监理工程师审查	

8.4.2 钢支架在使用过程中及混凝土浇筑时应进行检查，发现问题应及时处理。检查项目与内容应符合表8.4.2的规定。

表 8.4.2 钢支架使用检查表

序号	检查项目	检查内容	是/否
1	安全技术交底	安全技术交底记录中的责任人、对象、方法、内容是否齐全,是否有针对性	
2	支架状态牌	支架使用状态发生改变后是否及时更新公示牌告知	
3	地基及基础	支架和脚手架基础是否牢固,排水设施是否完善,记录是否齐全。遇洪水或大雨浸泡后,基础承载力是否重新检验,记录是否齐全	
4	构配件检查	满堂支架构配件连接是否存在松动现象	
5	焊缝检查	梁式支架焊接部位的定期检查记录是否齐全	
6	缆风绳	搭设高度大于10m的脚手架是否设置缆风绳或固定措施,缆风绳设置是否规范	
7	特殊情况检查	发生特殊情况(遇有6级以上大风或大雨过后,或冻结的地基土解冻后,或停用超过1个月,或架体遭受外力撞击等作用,或架体部分拆除等)是否重新进行检查并留有记录	
8	安全防护	防护栏杆、安全网或其他安全防护设施设置是否符合本指南要求。安全通道是否按本指南设置。跨越既有公路施工时,是否设置经专项设计防护棚架	
9	支架临时堆载	支架上临时堆载是否符合专项施工方案要求;架体上的杂物是否及时清理	
10	施工设备固定	混凝土泵管、卸料平台等是否存在违规固定在支架上的现象	
11	浇筑时的检查	浇筑顺序是否符合专项施工方案要求;是否由专人负责检查,记录是否齐全,发现异常情况的处理记录是否符合相关要求	
12	杆件观测	混凝土浇筑过程中支架杆件是否存在侧弯,梁式支架是否存在挠度、扭曲、翘曲	

8.5 拆除前检查

8.5.1 钢支架拆除前检查项目与内容应符合表 8.5.1 的规定。

表 8.5.1 钢支架拆除前检查表

序号	检查项目	检查内容	是/否
1	主体结构混凝土强度	检查主体结构强度报告和施工记录是否满足施工图设计及规范要求	
2	安全技术交底	安全技术交底记录中的责任人、对象、方法、内容是否齐全,是否有针对性	
3	拆除作业计划	是否与已审批的专项施工方案保持一致	
4	应急预案	应急预案应急管理要素是否齐全、是否具有可操作性,是否配置相应的应急管理人员	

表 8.5.1（续）

序号	检查项目	检查内容	是/否
5	支架状态牌	支架使用状态发生改变后是否及时更新公示牌及告知	
6	机械设备	拆除所需机械设备数量和规格能否满足拆除作业要求	
7	持证上岗	作业人员是否按规定持证上岗	
	防护用品	作业人员防护用品是否齐全、佩戴是否正确	
	作业人员数量	作业人员数量是否满足要求	
	管理人员	管理人员及专职安全员是否已就位	
8	拆除场地	拆除场地是否满足拆除施工要求，警戒区是否已按要求划分	
	警戒标志	相关警戒标志是否已设置	
9	临时用电	施工现场临时用电是否按"三级配电，逐级回路保护"设置；电缆是否采用架空或埋地敷设；水上或潮湿地带电缆线是否绝缘良好并具有防水功能，电缆线接头是否经防水处理；开关箱、配电箱设置是否规范	
10	架体的检查、局部加固	是否按已审批的专项施工方案进行	
11	架体清理	架体上的施工机具、材料、杂物及作业面的障碍物是否已清除干净	
	临时防护	拆除作业的临时防护是否已完成	

条文说明：本章所列表格中，8.1~8.3节表格主要是结合现行《公路桥涵施工技术规范》(JTG/T F50)、《铁路混凝土梁支架法现浇施工技术规程》(TB 10110)等规范并结合问卷调查的基础上编制；8.4节主要结合施工现场经验和问卷调查的基础上编制的。

附录 A 贝雷梁及配件相关参数

A.0.1 贝雷片及配件质量应符合表 A.0.1 的要求。

表 A.0.1 贝雷片构件质量（kg）

构件名称	单位	质量	构件名称	单位	质量
桁架	片	270	桁架螺栓	个	3
加强弦杆	根	80	弦杆螺栓	个	2
销子	个	3	支撑架	副	21

A.0.2 贝雷片及配件力学性能应符合表 A.0.2 的要求。

表 A.0.2 贝雷片及配件力学性能

长×高（cm）	弦杆截面面积 $A(cm^2)$	弦杆惯性矩 $I_x(cm^4)$	弦杆截面模量 $W_x(cm^3)$	桁片惯性矩 $I_o(cm^4)$	桁片截面模量 $W_o(cm^3)$	桁片允许弯矩 $M_o(kN·m)$
300×150	25.48	396.6	79.4	250500	3570	788
桁片允许剪力 $Q_o(kN)$	弦杆回转半径(cm) $R=\sqrt{I_x/A}$	自由长度 $l_p(cm)$	长细比 $\lambda=l_p/R$	纵向弯曲系数 Φ	弦杆纵向容许受压荷载(kN)	
245	3.94	75	19	0.953	663	

A.0.3 贝雷梁桁架设计值及几何特性应符合表 A.0.3 的要求。

表 A.0.3 贝雷梁承载力设计值及几何特性

内力及几何特性		弯矩（kN·m）	剪力（kN）	截面抵抗矩（cm³）	截面惯性矩（cm⁴）
非加强型	单排单层	788.2	245.2	3578.5	250497
	双排单层	1576.4	490.5	7157.1	500994
	三排单层	2246.4	698.9	10735.6	751491
	双排双层	3265.4	490.5	14817.9	2148588
	三排双层	4653.2	698.9	22226.8	3222883
加强型	单排单层	1687.5	245.2	7699.1	577434
	双排单层	3375.0	490.5	15398.3	1154868
	三排单层	4809.4	698.9	23097.4	1732303
	双排双层	6750.0	490.5	30641.7	4596255
	三排双层	9618.8	698.9	45962.6	6894390

注：1. 当贝雷梁组合片数大于 3 排时，其承载力应考虑分配折减。
　　2. 本表所述贝雷梁为国产 321 型装配式公路钢桥的主梁桁架，桁架高度 150cm。

附录 B 碗扣式支架相关参数与质量分类

B.0.1 碗扣式支架主要构配件种类、规格及重量应符合表 B.0.1 的要求。

表 B.0.1 碗扣式支架主要构配件种类、规格及重量

名　　称	型　号	规格（mm）	材　　质	理论重量（kg）
立杆	LG-A-120	φ48.3×3.5×1200	Q235	7.05
	LG-A-180	φ48.3×3.5×1800	Q235	10.19
	LG-A-240	φ48.3×3.5×2400	Q235	13.34
	LG-A-300	φ48.3×3.5×3000	Q235	16.48
	LG-B-80	φ48.3×3.5×80	Q355	4.30
	LG-B-100	φ48.3×3.5×1000	Q355	5.50
	LG-B-130	φ48.3×3.5×1300	Q355	6.90
	LG-B-150	φ48.3×3.5×1500	Q355	8.10
	LG-B-180	φ48.3×3.5×1800	Q355	9.30
	LG-B-200	φ48.3×3.5×2000	Q355	10.50
	LG-B-230	φ48.3×3.5×2300	Q355	11.80
立杆	LG-B-250	φ48.3×3.5×2500	Q355	13.40
	LG-B-280	φ48.3×3.5×2800	Q355	15.40
	LG-B-300	φ48.3×3.5×3000	Q355	17.60
水平杆	SPG-30	φ48.3×3.5×300	Q235	1.32
	SPG-60	φ48.3×3.5×600	Q235	2.47
	SPG-90	φ48.3×3.5×900	Q235	3.69
	SPG-120	φ48.3×3.5×1200	Q235	4.84
	SPG-150	φ48.3×3.5×1500	Q235	5.93
	SPG-180	φ48.3×3.5×1800	Q235	7.14
间水平杆	JSPG-90	φ48.3×3.5×900	Q235	4.37
	JSPG-120	φ48.3×3.5×1200	Q235	5.52
专用外斜杆	WXG-0912	φ48.3×3.5×150	Q235	6.33
	WXG-1212	φ48.3×3.5×170	Q235	7.03
	WXG-1218	φ48.3×3.5×2160	Q235	8.66
	WXG-1518	φ48.3×3.5×2340	Q235	9.30
	WXG-1818	φ48.3×3.5×2550	Q235	10.04
立杆连接销	LJX	φ10	Q235	0.18
可调底座	KTZ-45	T38×5.0,可调范围≤300	Q235	5.82
	KTZ-60	T38×5.0,可调范围≤450	Q235	7.12
	KTZ-75	T38×5.0,可调范围≤600	Q235	8.50

表 B.0.1(续)

名　称	型　号	规格(mm)	材　质	理论重量(kg)
可调托撑	KTC-45	T38×5.0,可调范围≤300	Q235	7.01
	KTC-60	T38×5.0,可调范围≤450	Q235	8.31
	KTC-75	T38×5.0,可调范围≤600	Q235	9.69

注:表中所列立杆型号标识为"-A"代表节点间距按0.6m模数(Q235材质立杆)设置;型号标识为"-B"代表节点间距按0.5m模数(Q355材质立杆)设置。

B.0.2 质量类别判定。

周转使用的碗扣支架主要构配件质量类别判定应按表 B.0.2-1、表 B.0.2-2 的规定划分。

表 B.0.2-1　碗扣支架质量分类

部位及项目		A类	B类	C类
立杆	弯曲	≤2mm/m	>2mm/m	—
	裂缝	无	微小	有
	下凹	无	轻微	较严重
	壁厚	无负偏差	—	有负偏差
	外径	±0.5mm	—	>0.5mm,<-0.5mm
	立杆长度	±1.5mm	—	>1.5mm,<-1.5mm
	端面与轴线垂直度	≤0.5mm	—	>0.5mm
	端面不平整	≤0.3mm	—	>0.3mm
	碗扣节点损坏	无	损伤或脱落	—
	上碗扣串动、转动困难	无	轻微	较严重
	下碗口平面与立杆轴线垂直度	≤1.0mm	—	>1.0mm
	碗扣节点间距	±1.0mm	—	>1.0mm,<-1.0mm
	锈蚀	无或轻微	有	较严重(鱼鳞状)
	端头堵塞	无或轻微	较严重	—
水平杆	弯曲	≤2mm/m	>2mm/m	—
	裂纹	无	轻微	有
	下凹	无	轻微	较严重
	壁厚	无负偏差	—	有负偏差
	外径	±0.5mm	—	>0.5mm,<-0.5mm
	水平杆长度	±1.5mm	—	>1.5mm,<-1.5mm
	接头弧面轴心线与水平杆轴心	≤1.0mm	—	>1.0mm
	锈蚀	无或轻微	有	较严重(鱼鳞状)
其他	脱焊	无	轻微	严重
	整体变形、翘曲	无	轻微	严重

表 B.0.2-2 可调底座、可调顶托质量分类

部位及项目		A 类	B 类	C 类
螺杆	螺牙缺损	无或轻微	有	—
	弯曲	无	轻微	—
	锈蚀	无或轻微	有	较严重
扳手、螺母	扳手断裂	无	轻微	—
	螺母转动困难	无	轻微	—
	锈蚀	无或轻微	有	较严重
底板	翘曲	无或轻微	有	—
	与螺杆不垂直	无或轻微	有	—
	锈蚀	无或轻微	有	较严重

注:可调顶托也称为可调托座。

B.0.3 根据附录 B 第 B.0.2 条表 B.0.2-1、表 B.0.2-2 的规定,周转使用的碗扣支架主要构配件质量类别判定应符合下列规定:

1 A 类:表中所列 A 类项目全部符合。

2 B 类:表中所列 B 类项目有一项和一项以上符合,但不应有 C 类中任一项。

3 C 类:表中 C 类项目有任一项符合。

B.0.4 标志。

B.0.4.1 碗扣支架及配件挑选后,应按质量分类和判定方法分别做上标志。

B.0.4.2 碗扣支架及配件分类经维修、保养、修理后必须标明"检验合格"的明显标志和检验日期,不应与未经检验和处理的支架及配件混放或混用。

B.0.5 抽样检查。

B.0.5.1 抽样方法:B 类品中,应采用随机抽样方法,不应挑选。

B.0.5.2 样本数量:B 类样品中,支架或配件总数小于或等于 300 件时,样本数不应少于 3 件;大于 300 件时,样本数不应少于 5 件。

附录 C 承插型盘扣式支架相关参数与质量分类

C.0.1 承插型盘扣式支架主要构配件种类及规格应符合表 C.0.1 的要求。

表 C.0.1 承插型盘扣式钢管支架主要构、配件种类、规格

名 称	型 号	规格(mm)	材 质	理论重量(kg)
立杆	A-LG-500	φ60.3×3.2×500	Q355B	3.75
	A-LG-1000	φ60.3×3.2×1000	Q355B	6.65
	A-LG-1500	φ60.3×3.2×1500	Q355B	9.60
	A-LG-2000	φ60.3×3.2×2000	Q355B	12.50
	A-LG-2500	φ60.3×3.2×2500	Q355B	15.50
	A-LG-3000	φ60.3×3.2×3000	Q355B	18.40
	B-LG-500	φ48.3×3.2×500	Q355B	2.95
	B-LG-1000	φ48.3×3.2×1000	Q355B	5.30
	B-LG-1500	φ48.3×3.2×1500	Q355B	7.64
	B-LG-2000	φ48.3×3.2×2000	Q355B	9.90
	B-LG-2500	φ48.3×3.2×2500	Q355B	12.30
	B-LG-3000	φ48.3×3.2×3000	Q355B	14.65
水平杆	A-SG-300	φ48.3×2.5×240	Q235B	1.40
	A-SG-600	φ48.3×2.5×540	Q235B	2.30
	A-SG-900	φ48.3×2.5×840	Q235B	3.20
	A-SG-1200	φ48.3×2.5×1140	Q235B	4.10
	A-SG-1500	φ48.3×2.5×1440	Q235B	5.00
	A-SG-1800	φ48.3×2.5×1740	Q235B	5.90
	A-SG-2000	φ48.3×2.5×1940	Q235B	6.50
	B-SG-300	φ42.4×2.5×240	Q235B	1.30
	B-SG-600	φ42.4×2.5×540	Q235B	2.00
	B-SG-900	φ42.4×2.5×840	Q235B	2.80
	B-SG-1200	φ42.4×2.5×1140	Q235B	3.60
	B-SG-1500	φ42.4×2.5×1440	Q235B	4.30
	B-SG-1800	φ42.4×2.5×1740	Q235B	5.10
	B-SG-2000	φ42.4×2.5×1940	Q235B	5.60
竖向斜杆	A-XG-300×1000	φ48.3×2.5×1008	Q195	4.10
	A-XG-300×1500	φ48.3×2.5×1506	Q195	5.50
	A-XG-600×1000	φ48.3×2.5×1089	Q195	4.30
	A-XG-600×1500	φ48.3×2.5×1560	Q195	5.60
	A-XG-900×1000	φ48.3×2.5×1238	Q195	4.70

表 C.0.1(续)

名 称	型 号	规格(mm)	材 质	理论重量(kg)
竖向斜杆	A-XG-900×1500	φ48.3×2.5×1668	Q195	5.90
	A-XG-900×2000	φ48.3×2.5×2129	Q195	7.20
	A-XG-1200×1000	φ48.3×2.5×1436	Q195	5.30
	A-XG-1200×1500	φ48.3×2.5×1820	Q195	6.40
	A-XG-1200×2000	φ48.3×2.5×2250	Q195	7.55
	A-XG-1500×1000	φ48.3×2.5×1664	Q195	5.90
	A-XG-1500×1500	φ48.3×2.5×2005	Q195	6.90
	A-XG-1500×2000	φ48.3×2.5×2402	Q195	8.00
	A-XG-1800×1000	φ48.3×2.5×1912	Q195	6.60
	A-XG-1800×1500	φ48.3×2.5×2215	Q195	7.40
	A-XG-1800×2000	φ48.3×2.5×2580	Q195	8.50
	A-XG-2000×1000	φ48.3×2.5×2085	Q195	7.00
	A-XG-2000×1500	φ48.3×2.5×2411	Q195	7.90
	A-XG-2000×2000	φ48.3×2.5×2756	Q195	8.80
	B-XG-300×1000	φ33.7×2.3×1057	Q195	2.95
	B-XG-300×1500	φ33.7×2.3×1555	Q195	3.82
	B-XG-600×1000	φ33.7×2.3×1131	Q195	3.10
	B-XG-600×1500	φ33.7×2.3×1606	Q195	3.92
	B-XG-900×1000	φ33.7×2.3×1277	Q195	3.36
	B-XG-900×1500	φ33.7×2.3×1710	Q195	4.10
	B-XG-900×2000	φ33.7×2.3×2173	Q195	4.90
	B-XG-1200×1000	φ33.7×2.3×1472	Q195	3.70
	B-XG-1200×1500	φ33.7×2.3×1859	Q195	4.40
	B-XG-1200×2000	φ33.7×2.3×2291	Q195	5.10
	B-XG-1500×1000	φ33.7×2.3×1699	Q195	4.09
	B-XG-1500×1500	φ33.7×2.3×2042	Q195	4.70
	B-XG-1500×2000	φ33.7×2.3×2402	Q195	5.40
	B-XG-1800×1000	φ33.7×2.3×1946	Q195	4.53
	B-XG-1800×1500	φ33.7×2.3×2251	Q195	5.05
	B-XG-1800×2000	φ33.7×2.3×2618	Q195	5.70
	B-XG-2000×1000	φ33.7×2.3×2119	Q195	4.82
	B-XG-2000×1500	φ33.7×2.3×2411	Q195	5.35
	B-XG-2000×2000	φ33.7×2.3×2756	Q195	5.95
水平斜杆	A-SXG-900×900	φ48.3×2.5×1273	Q235B	4.30

表 C.0.1（续）

名　　称	型　　号	规格(mm)	材　　质	理论重量(kg)
水平斜杆	A-SXG-900×1200	φ48.3×2.5×1500	Q235B	5.00
	A-SXG-900×1500	φ48.3×2.5×1749	Q235B	5.70
	A-SXG-1200×1200	φ48.3×2.5×1697	Q235B	5.55
	A-SXG-1200×1500	φ48.3×2.5×1921	Q235B	6.20
	A-SXG-1500×1500	φ48.3×2.5×2121	Q235B	6.80
	B-SXG-900×900	φ42.4×2.5×1272	Q235B	3.80
	B-SXG-900×1200	φ42.4×2.5×1500	Q235B	4.30
	B-SXG-900×1500	φ42.4×2.5×1749	Q235B	5.00
	B-SXG-1200×1200	φ42.4×2.5×1697	Q235B	4.90
	B-SXG-1200×1500	φ42.4×2.5×1921	Q235B	5.50
	B-SXG-1500×1500	φ42.4×2.5×2121	Q235B	6.00
可调顶托	A-ST-500	φ48×6.5×500	Q235B	7.12
	A-ST-600	φ48×6.5×600	Q235B	7.60
	B-ST-500	φ38×5.0×500	Q235B	4.38
	B-ST-600	φ38×5.0×600	Q235B	4.74
可调底座	A-XT-500	φ48×6.5×500	Q235B	5.67
	A-XT-600	φ48×6.5×600	Q235B	6.15
	B-XT-500	φ38×5.0×500	Q235B	3.53
	B-XT-600	φ38×5.0×600	Q235B	3.89

注：1. 立杆规格为φ60.3×3.2mm的为A型承插型盘扣式钢管支架；立杆规格为φ48.3×3.2mm的为B型承插型盘扣式钢管支架。
2. A-SG、B-SG为水平杆适用于A型、B型承插型盘扣式钢管支架。
3. A-SXG、B-SXG为斜杆适用于A型、B型承插型盘扣式钢管支架。
4. 可调顶托也称为可调托座。

C.0.2 质量类别判定。

周转使用的盘扣支架主要构配件质量类别判定应按表C.0.2-1、表C.0.2-2的规定划分。

表 C.0.2-1 盘扣支架质量分类

部位及项目		A类	B类	C类
立杆	弯曲	≤L/1000	>L/1000	—
	裂缝	无	微小	有
	下凹	无	轻微	较严重
	壁厚	±0.1mm	—	>0.1mm,<−0.1mm
	外径	+0.2(0.3)mm	—	>0.2(0.3)mm
	立杆长度	±0.7mm	—	>0.7mm,<−0.7mm

表 C.0.2-1（续）

部位及项目		A类	B类	C类
立杆	端面与轴线垂直度	≤0.3mm	—	>0.3mm
	端面不平整	≤0.3mm	—	>0.3mm
	盘扣节点损坏	无	损伤或脱落、变形	—
	扣接头插销自锁	良好	—	不能
	连接盘与立杆同轴度	≤0.3mm	—	>0.3mm
	连接盘节点间距	±0.5mm	—	>0.5mm，<−0.5mm
	锈蚀	无或轻微	有	较严重（鱼鳞状）
	端头堵塞	无或轻微	较严重	—
水平杆、斜杆	弯曲	≤$L/1000$	>$L/1000$	—
	裂纹	无	轻微	有
	下凹	无	轻微	较严重
	壁厚	±0.1mm	—	>0.1mm，<−0.1mm
	外径	+0.2mm，−0.1mm	—	>0.2mm，<−0.1mm
	杆件长度	±0.5mm	—	>0.5mm，<−0.5mm
	水平杆、水平斜杆扣接头	≤1.0mm	—	>1.0mm
	竖向斜杆两端螺栓孔间	≤1.5mm	—	>1.5mm
	锈蚀	无或轻微	有	较严重（鱼鳞状）
其他	脱焊	无	轻微	严重
	整体变形、翘曲	无	轻微	严重

注：外径栏括号内数值是指公称外径为60.3mm的钢管允许正偏差值。

表 C.0.2-2 可调底座、可调顶托质量分类

部位及项目		A类	B类	C类
螺杆	螺牙缺损	无或轻微	有	—
	弯曲	无	轻微	—
	锈蚀	无或轻微	有	较严重
扳手、螺母	扳手断裂	无	轻微	—
	螺母转动困难	无	轻微	—
	锈蚀	无或轻微	有	较严重
底板	翘曲	无或轻微	有	—
	与螺杆不垂直	无或轻微	有	—
	锈蚀	无或轻微	有	较严重

注：可调顶托也称为可调托座。

C.0.3 根据附录C第C.0.2条表C.0.2-1、表C.0.2-2的规定，周转使用的盘扣式支架主要构配件质量类别判定应符合下列规定：

1 A类:表中所列A类项目全部符合。

2 B类:表中所列B类项目有一项和一项以上符合,但不应有C类中任一项。

3 C类:表中C类项目有任一项符合。

C.0.4 标志。

C.0.4.1 盘扣式支架及配件挑选后,应按质量分类和判定方法分别做上标志。

C.0.4.2 盘扣式支架及配件分类经维修、保养、修理后必须标明"检验合格"的明显标志和检验日期,不应与未经检验和处理的支架及配件混放或混用。

C.0.5 抽样检查。

C.0.5.1 抽样方法:B类品中,应采用随机抽样方法,不应挑选。

C.0.5.2 样本数量:B类样品中,支架或配件总数小于或等于300件时,样本数不应少于3件;大于300件时,样本数不应少于5件。

C.0.5.3 样品试验:试验项目及试验方法应符合现行行业产品标准《承插型盘扣式钢管支架构件》(JG/T 503)的有关规定。

附录 D 轴心受压构件的稳定系数

D.0.1 轴心受压构件的稳定系数 φ 见表 D.0.1-1 和表 D.0.1-2。

表 D.0.1-1 Q235 钢管轴心受压构件的稳定系数

λ	0	1	2	3	4	5	6	7	8	9
0	1.000	0.997	0.995	0.992	0.989	0.987	0.984	0.981	0.979	0.976
10	0.974	0.971	0.968	0.966	0.963	0.960	0.958	0.955	0.952	0.949
20	0.947	0.944	0.941	0.938	0.936	0.933	0.930	0.927	0.924	0.921
30	0.918	0.915	0.912	0.909	0.906	0.903	0.899	0.896	0.893	0.889
40	0.886	0.882	0.879	0.875	0.872	0.868	0.864	0.861	0.858	0.855
50	0.852	0.849	0.846	0.843	0.839	0.836	0.832	0.829	0.825	0.822
60	0.818	0.814	0.810	0.806	0.802	0.797	0.793	0.789	0.784	0.779
70	0.775	0.770	0.765	0.760	0.755	0.750	0.744	0.739	0.733	0.728
80	0.722	0.716	0.710	0.704	0.698	0.692	0.686	0.680	0.673	0.667
90	0.661	0.654	0.648	0.641	0.634	0.626	0.618	0.611	0.603	0.595
100	0.588	0.580	0.573	0.566	0.558	0.551	0.544	0.537	0.530	0.523
110	0.516	0.509	0.502	0.496	0.489	0.483	0.476	0.470	0.464	0.458
120	0.452	0.446	0.440	0.434	0.428	0.423	0.417	0.412	0.406	0.401
130	0.396	0.391	0.386	0.381	0.376	0.371	10.367	0.362	0.357	0.353
140	0.349	0.344	0.340	0.336	0.332	0.328	0.324	0.320	0.316	0.312
150	0.308	0.305	0.301	0.298	0.294	0.291	0.287	0.284	0.281	0.277
160	0.274	0.271	0.268	0.265	0.262	0.259	0.256	0.253	0.251	0.248
170	0.245	0.243	0.240	0.237	0.235	0.232	0.230	0.227	0.225	0.223
180	0.220	0.218	0.216	0.214	0.211	0.209	0.207	0.205	0.203	0.201
190	0.199	0.197	0.195	0.193	0.191	0.189	0.188	0.186	0.184	0.182
200	0.180	0.179	0.177	0.175	0.174	0.172	0.171	0.169	0.167	0.166
210	0.164	0.163	0.161	0.160	0.159	0.157	0.156	0.154	0.153	0.152
220	0.150	0.149	0.148	0.146	0.145	0.144	0.143	0.141	0.140	0.139
230	0.138	0.137	0.136	0.135	0.133	0.132	0.131	0.130	0.129	0.128
240	0.127	0.126	0.125	0.124	0.123	0.122	0.121	0.120	0.119	0.118
250	0.117	—	—	—	—	—	—	—	—	—

表 D.0.1-2　Q355 钢管轴心受压构件的稳定系数

λ	0	1	2	3	4	5	6	7	8	9
0	1.000	0.997	0.994	0.991	0.988	0.985	0.982	0.979	0.976	0.973
10	0.971	0.968	0.965	0.962	0.959	0.956	0.952	0.949	0.946	0.943
20	0.940	0.937	0.934	0.930	0.927	0.924	0.920	0.917	0.913	0.909
30	0.906	0.902	0.898	0.894	0.890	0.886	0.882	0.878	0.874	0.870
40	0.867	0.864	0.860	0.857	0.853	0.849	0.845	0.841	0.837	0.833
50	0.829	0.824	0.819	0.815	0.810	0.805	0.800	0.794	0.789	0.783
60	0.777	0.771	0.765	0.759	0.752	0.746	0.739	0.732	0.725	0.718
70	0.710	0.703	0.695	0.688	0.68	0.672	0.664	0.656	0.648	0.640
80	0.632	0.623	0.615	0.607	0.599	0.591	0.583	0.574	0.566	0.558
90	0.550	0.542	0.535	0.527	0.519	0.512	0.504	0.497	0.489	0.482
100	0.475	0.467	0.46	0.452	0.445	0.438	0.431	0.424	0.418	0.411
110	0.405	0.398	0.392	0.386	0.380	0.375	0.369	0.363	0.358	0.352
120	0.347	0.342	0.337	0.332	0.327	0.322	0.318	0.313	0.309	0.304
130	0.300	0.296	0.292	0.288	0.284	0.28	0.276	0.272	0.269	0.265
140	0.261	0.258	0.255	0.251	0.248	0.245	0.242	0.238	0.235	0.232
150	0.229	0.227	0.224	0.221	0.218	0.216	0.213	0.21	0.208	0.205
160	0.203	0.201	0.198	0.196	0.194	0.191	0.189	0.187	0.185	0.183
170	0.181	0.179	0.177	0.175	0.173	0.171	0.169	0.167	0.165	0.163
180	0.162	0.16	0.158	0.157	0.155	0.153	0.152	0.150	0.149	0.147
190	0.146	0.144	0.143	0.141	0.140	0.138	0.137	0.136	0.134	0.133
200	0.132	0.130	0.129	0.128	0.127	0.126	0.124	0.123	0.122	0.121
210	0.120	0.119	0.118	0.116	0.115	0.114	0.113	0.112	0.111	0.110
220	0.109	0.108	0.107	0.106	0.106	0.105	0.104	0.103	0.101	0.101
230	0.100	0.099	0.098	0.098	0.097	0.096	0.095	0.094	0.094	0.093
240	0.092	0.091	0.091	0.090	0.089	0.088	0.088	0.087	0.086	0.086
250	0.085	—	—	—	—	—	—	—	—	—

用词说明

1 本指南执行严格程度的用词,采用下列写法:

1) 表示严格,在正常情况下均应这样做的用词,正面词采用"应",反面词采用"不应"或"不得"。

2) 表示允许稍有选择,在条件许可时首先应这样做的用词,正面词采用"宜",反面词采用"不宜"。

3) 表示有选择,在一定条件下可以这样做的用词,采用"可"。

2 引用标准的用语采用下列写法:

1) 在标准条文及其他规定中,当引用的标准为国家标准或行业标准时,应表述为"应符合《××××××》(×××)的有关规定"。

2) 当引用标准中的其他规定时,应表述为"应符合本指南第×章的有关规定""应符合本指南第×.×节的有关规定""应按本指南第×.×.×条的有关规定执行"。